A BOLA CORRE MAIS QUE OS HOMENS

Roberto DaMatta

A BOLA CORRE MAIS QUE OS HOMENS

Duas Copas, Treze Crônicas e
Três Ensaios sobre Futebol

Copyright © 2006 *by* Roberto DaMatta

Direitos desta edição reservados à
EDITORA ROCCO LTDA.
Avenida Presidente Wilson, 231 – 8º andar
20030-021 – Rio de Janeiro, RJ
Tel.: (21) 3525-2000 – Fax: (21) 3525-2001
rocco@rocco.com.br
www.rocco.com.br

Printed in Brazil/Impresso no Brasil

preparação de originais
PEDRO KARP VASQUEZ

CIP-Brasil. Catalogação-na-fonte.
Sindicato Nacional dos Editores de Livros, RJ.

D162b DaMatta, Roberto, 1936–
    A bola corre mais que os homens: duas copas, treze crônicas
e três ensaios sobre futebol / Roberto DaMatta. – Rio de Janeiro:
Rocco, 2006.

    ISBN 85-325-2060-X

    1. Futebol – Brasil. 2. Copas do mundo (Futebol).
3. Futebol – Aspectos sociais. 4. Características nacionais
brasileiras. I. Título.

06-1461
                                                  CDD – 796.3320981
                                                  CDU – 796.334(81)

Para Mario Roberto Zagari que, numa saudosa
São João Nepomuceno, me ensinou a gostar
do Mangueira, do Fluminense e de futebol.

Para Celso Scofield e para Valter Castro, amigos
de infância e tricolores de coração.

Em memória de Eduardo Archetti, que amava,
entendia e interpretava o futebol.

E novamente para todos os jogadores
de futebol do Brasil, que nos obrigaram
a gostar mais de nós mesmos.

PREFÁCIO

Roberto DaMatta, como todo brasileiro que se preza, descobriu o futebol jogando pelada em campo de barro; o mesmo campinho em que o mítico Heleno de Freitas terá dado seus primeiros chutes. Menino ainda, DaMatta sentiu, no suor do próprio corpo, que "a bola corre mais que os homens". Preciosa lição que, por certo, muito ajudaria a prepará-lo para os infindáveis embates da vida.

Agora, já campeoníssimo, DaMatta desponta em mais um livro, jogando o fino, com suas brilhantes reflexões sobre um certo "Homo ludens", cujo santo, um dia, com uma bola nos pés, baixou na alma do povo brasileiro. Peladeiro virtual, ele já não corre mais atrás da bola, como fazia, infatigável, nos rachas ginasianos de São João de Nepomuceno. Agora, em nome dela, DaMatta percorre o campus acadêmico, buscando — e encontrando — versões científicas pra explicar como pôde um jogo tão alheio à nossa índole brasileira acabar virando, pra sempre, a nossa cabeça.

De onde vem esse jogo esquisito? — perguntava, contrariado, o escritor Graciliano Ramos, que achava que o esporte nacional tinha que ser a capoeira e nada mais. No mesmo tom de esconjuro, Lima Barreto desancava o novo esporte, pelo qual destilava tamanho desapreço que acabaria fundando, no Rio, a "Liga Brasileira Contra o Futebol". Se dependesse dos dois, o futebol teria sido despachado de volta à Inglaterra, no mesmo navio que o trouxe de lá.

O leitor ficará sabendo, pelo talento de Roberto DaMatta, quanta bola teve que rolar pelo país afora (e adentro) até que o foot-ball se abrasileirasse e se impusesse à capoeira e à regata, que eram os passatempos da moda, no Brasil do começo do século XX.

A entrada do futebol na literatura brasileira deu-se, ali pelos anos vinte, com Olavo Bilac, certamente o primeiro poeta brasileiro a ouvir e a entender as estrelas de um campo de futebol... Recente, mesmo, é o interesse que o futebol desperta como fenômeno social. E é aqui que entra em campo, de bola cheia, Roberto DaMatta, autor de fundados estudos sobre o passado, o presente e o futuro da maior paixão popular do Brasil.

Vamos entrar em campo, com o pé direito, na companhia do professor, do antropólogo, do torcedor, do cronista Roberto Da Matta. Seu texto, repassado de inteligência e entusiasmo, converte em palavras tocantes todas as emoções da grande área, dos vestiários, da boca do túnel, do quarto de concentração.

Nada melhor que ler um livro, tão brasileiro, justamente, no ano da graça de mais uma Copa do Mundo.

Roberto DaMatta é pé quente!

ARMANDO NOGUEIRA

INTRODUÇÃO

Não sou eu que corro, é a bola que corre.
— DIDI

Foi numa São João Nepomuceno esfumada pela passagem de um tempo que corre tanto ou mais que a bola que travei contato com o futebol. Estávamos no final dos anos 40 e papai, que era fiscal do consumo, havia sido transferido de Belo Horizonte para Juiz de Fora e, em seguida, para São João para onde viajamos depois de uma temporada de praia em Niterói, na casa dos meus avós.

Em 1948, data que marquei bem porque entrei no ginásio e ganhei de papai uma caneta Parker 48 (aquelas canetas negras com riscos horizontais dourados), com o meu nome pomposamente nela gravado, uma novidade gratificante e indicativa de uma iniciação ao mundo dos adultos. É bom lembrar que naquele tempo as pessoas tinham um relógio, uma caneta e uma mulher. Eu já estava com a caneta, o resto era uma questão de tempo. Hoje, eu atino melhor com o significado deste presente num Brasil em que poucos sabiam ler e escrever, pouquíssimos entravam no ginásio e uma minoria podia ter uma caneta com o pegador e adereços de "ouro". Essa caneta emblemática foi comigo para São João Nepomuceno, onde fui matriculado no ginásio local.

Depois de vestir o uniforme cáqui do ginásio, do qual só me ficou um cheiro forte, e passado o entusiasmo com a exploração do vasto quintal da nova casa, no largo da Matriz, cuja igreja dava fundos para o campo de futebol do Mangueira Futebol Clube, começou uma penosa fase de convivência com os colegas no ambiente da escola.

Eu me lembro bem do primeiro dia, quando o diretor do ginásio solenemente me apresentou a uma turma silenciosa, enfatizando que eu era filho de uma pessoa ilustre e amiga, um pouco antes de uma primeira aula de Geografia, quando um professor magrinho e soturno lia vagarosamente para uma turma semi-adormecida, duas ou três páginas do livro adotado naquele semestre. A esta lembrança, liga-se a visão de um nostálgico pátio interno do colégio, onde colunas de cimento enquadravam um jardim com plantas que eu vejo sem viço.

Permeando essas duas memórias, vem uma perturbadora sensação de timidez traduzida em troças que culminou, como uma recepção de boas-vindas ao avesso por parte dos meus futuros colegas, num trote humilhante no meio do pátio do colégio e bem em frente ao muro de madeira cinzenta que nos separava da ala das meninas.

Trote em dois tempos, provavelmente motivado pelo interesse que despertei na moça mais bonita do colégio por ser um aluno novo, um "carioca" no meio de "mineiros", e que consistia em ficar pendurado por meia hora numa barra para, em, seguida, medir, com um palito de fósforo, o campo de futebol.

Cumpri a primeira tarefa pela metade, o vermelho do rosto traindo a humilhação e denunciando a primeira experiência real da covardia orgânica dos grupos bem estabelecidos contra os indivíduos isolados. A segunda parte era menos pior, embora implicasse ficar de joelhos ouvindo, degradado, as gargalhadas dos meninos e o riso alto das meninas que nos olhavam pelas frestas do muro. Aos gritos de um orquestrado "mede,

mede", lá ia eu com um palito de fósforo, rindo amarelo para os meus algozes e marcando a lateral de um campo de futebol que me pareceu infinito no seu barro vermelho, balizado pelas traves muito brancas e tristes como ossadas velhas dos gols.

Esse foi o meu primeiro encontro concreto com um campo de futebol. Futebol que, até então, eu só conhecia pelo nome e pelos sons dos rádios ouvidos a cada fim de semana nos bares que meu pai — que não bebia, fumava ou tinha amigos — fazia questão de não freqüentar.

Dias depois, um menino me perguntou se eu jogava futebol. Era ele quem organizava as partidas internas do ginásio e sabendo que eu era "do Rio", logo "bom de bola", queria que eu integrasse o time da nossa turma. Esse convite me fez calçar um par de chuteiras novinhas em folha e, com elas, entrar naquele campo de barro vermelho, cuja lateral eu conhecia "fósforo a fósforo" e que fora testemunha do meu rito de passagem.

Não sei quem venceu esse jogo, mas foi nele que descobri — como deve ter ocorrido com muita gente — que aquele tal de "futebol" ia muito além de meter o pé na bola, chutando-a para frente. Depois de uns dez minutos de partida, entendi que havia alguma coisa intrigante naqueles colegas que corriam atrás de uma bola que corria mais que eles, porque alguns ficavam mais tempo com ela. Tocando, controlando e governando com maestria essa bola que escapulia dos meus pés e que corria muito mais do que todos nós.

Tempos depois, num domingo ensolarado, fui ao campo do Mangueira e, numa pequena arquibancada de madeira, assisti com meu pai e meus irmãos ao que seria o meu primeiro jogo formal de futebol.

Uma partida entre o Mangueira e o Botafogo, os dois times mais importantes de São João Nepomuceno que, naquela época, tinha sua sociabilidade ordenada dualisticamente, como era comum em muitas outras pequenas cidades do Brasil. Ali vivi a emoção de aplaudir a entrada em campo dos times com seus uniformes impecáveis, um campo também engalanado pelas marcas brancas de cal que delimitavam todos os seus compartimentos. Impressionei-me com o passo marcial dos jogadores: os botafoguenses com suas camisas alvinegras e os mangueirenses de vermelho, mas todos de chuteiras engraxadas, barbeados e penteados como se fossem para uma missa ou baile. Aprendi então, tendo como professor as múltiplas dimensões do próprio evento, que no campo só se podia ser Mangueira ou Botafogo; que não se ia ver apenas um jogo, mas torcer apaixonadamente pelo seu time; que uma vez tendo um time, o adversário não prestava, tornava-se um estranho, tal como eu era no ginásio; que o juiz (como os professores) era sempre um sujeito suspeito de estar contra o nosso time; e que vencer era a única possibilidade para os torcedores.

No decorrer do jogo disputadíssimo, vi papai sendo solicitado a tomar partido, mas declinar polidamente, consciente como sempre de seu papel como funcionário público federal. Subitamente, pelo final do segundo tempo de um jogo que todos julgavam que ia terminar pateticamente empatado, o Mangueira fez o primeiro do que acabou sendo uma série de três fulminantes gols, selando o destino de um estonteado adversário. A torcida explodia em urros de alegria, comemorando o que era um verdadeiro milagre. O Mangueira havia aberto a sua "torneirinha de sorte", conforme alguém ao nosso lado dizia entre embaraçantes nomes feios. Olhei para cima e vi o belo sorriso comprometido do meu pai, igualmente seduzido pelo desempenho do Mangueira e igualmente espantado com o milagre dos gols. Clube, logo fizeram questão de me ensinar, onde o famoso Heleno de Freitas havia aprendido a jogar futebol.

No último gol do Mangueira, o estampido de um tiro de revólver emudeceu os gritos de alegria dos torcedores. Um "botafoguense doente", de arma niquelada em punho, tentara atingir alguém. Uma onda de pesado mal-estar tomou conta do campo. Alguns diziam que o alvo era um dos atacantes do Mangueira, outros que seria o juiz e, ainda outros, a torcida que zombava dos adversários, proclamando com palavras de ordem a superioridade mangueirense. Jamais apurei os fatos. Mas ficou em mim a profunda impressão da capacidade de mobilização do futebol. Esse agenciamento portentoso que conferia a uma mera partida de futebol o dom de promover nos torcedores o desejo de matar, esfolar e liquidar com vizinhos e, até mesmo, parentes, amigos ou conhecidos de toda a vida que os noventa e poucos minutos de jogo haviam transformado em torcedores — logo em inimigos mortais e, paradoxalmente, perenes.

Na saída do estádio, quando amigos e inimigos retomavam seus papéis sociais rotineiros, e os jogadores-heróis passavam ao nosso lado misturados, descamisados de seus emblemas de luta, desgrenhados e sem magia, deixando ver suas canelas maceradas e seus rostos cansados, um comerciante, antigo torcedor do Botafogo, cabeça inchada com a derrota, aproximou-se cautelosamente de papai.

— Que jogo, hein, dr. Renato? — perguntou num misto de curiosidade e adulação, como que testando o recém-chegado ilustre. O funcionário público que fiscalizava os estabelecimentos comerciais e ganhava o maior salário da cidade, conforme me disse, tempos depois, o coletor federal.

— Muita paixão, paixão excessiva — contemporizou papai com um misto de cautela e timidez, ele próprio medindo o palito de fósforo o campo social que o separava do novo amigo, compreendi de onde vinha minha timidez e, encorajado pelo relacionamento amistoso entre os dois homens, me aproximei, recebendo um olhar simpático dos dois adultos. Aquela simpatia que, na época, o futebol abria como um oásis nos encontros sempre distantes e formais entre crianças e "gente grande".

— Por que será que o Botafogo perdeu? O jogo foi muito equilibrado o tempo todo. O empate seria um resultado mais justo. Como explicar aqueles três gols feitos de repente? — perguntei à queima-roupa, fazendo sem saber a indagação crítica de todo jogo de futebol e da própria vida.

O comerciante deu uma longa tragada num cigarro muito branco cuja ponta virou uma brasa viva e, olhando para mim e botando, como um dragão, fumaça pela boca, deu uma resposta que jamais esqueci:

— É que a bola corre mais que os homens...

II

O título deste livro vem desta frase emblemática, definidora do futebol e, por extensão, da própria vida, produzida logo depois de uma experiência instauradora com o jogo e do próprio jogo na minha existência. Frase que retorna todas as vezes que assisto a qualquer jogo sério de futebol, aquelas partidas nas quais o encontro vai além do espetáculo esportivo, sendo também prova de tenacidade, progresso, justiça, sorte e destino histórico-social dos disputantes.

Por causa disso, ela me ocorreu em 1994 quando, por solicitação do meu amigo Fernando Mitre, escrevi para o *Jornal da Tarde* uma série de comentários sobre a Copa do Mundo daquele ano — Copa em que nos sagramos tetracampeões do mundo —, e que abrem este livro.

Pois na sua simplicidade, a frase põe em relevo o centro do meu interesse no esporte, em geral, e do futebol, em particular. Refiro-me ao relacionamento entre os seres humanos e os campos de disputa rigorosamente medidos a palito de fósforo e governados por regras fixas e certamente escritas, que todos os disputantes concordam e subscrevem. Pois como é possível não convocar a tragédia e a comédia (que faz a bola correr mais que os homens), quando seres marcados pela consciência do desequilíbrio e pela capacidade de honrar todas as normas e a todas desrespeitar prometem segui-las cegamente na esfera do esporte, um domínio, todavia, que eles mesmos definem como sendo superficial, tangencial e de fantasia, pois o que deve contar neste mundo é o trabalho que apruma e dignifica, produzindo riquezas e até mesmo a salvação?

Não foi ao acaso que meus algozes ginasianos ordenaram que eu medisse a palito de fósforo um campo de futebol. Não poderia ser o pátio onde a gente conversava ou jogava bola de gude. Esse espaço não prestava por ser muito profano para dar uma medida do absurdo do trote. Também não seria bom mandar medir a mesa do diretor: pois esse seria, ao contrário, um espaço demasiado sagrado para o rito de passagem. O campo de futebol, situado entre essas zonas, mas mantendo com elas um elo de plena ambigüidade, era perfeito. Pois que suas medidas delimitam o espaço onde se disputa não por necessidade, mas voluntariamente.

Trata-se de um lugar onde a vida se reproduz de modo controlado, demarcadamente, com um início, um meio e um fim, o que promove um confortável e apaziguador contraste com o mundo real. Essa "vida real" que difere da arte e do esporte por não ter começo ou fim. E, no entanto, ser o começo, o meio, e o fim para cada um de nós a todo instante.

Descobrir e revelar ao leitor como o esporte e o futebol realizam esse milagre da transformação da indiferença da vida e do mundo (que começou antes de nós e segue adiante depois de termos sido expulsos de campo e da partida) em algo programado com — quem sabe? — propósito e significado moral indiscutível foi o meu objetivo em todos esses trabalhos aqui reunidos.

Trabalhos que vão de pequenas peças escritas no calor da hora, quando de duas Copas do Mundo: a de 1994 e a de 1998, quando fomos, respectivamente, vitoriosos e derrotados na partida final, repetindo, sem reproduzir, a grande derrota de 1950, às crônicas, publicadas no *Jornal da Tarde* e no *O Estado de S. Paulo*, nas quais eu comento vários aspectos do esporte e do jogo de bola, até chegar ao que pretendi realizar de certo modo longe da disputa, em três ensaios mais acadêmicos e reflexivos, onde reúno de modo sistemático o que a observação dos jogos revela, e tento apanhar algumas dimensões socialmente relevantes do futebol entre nós.

Além do viés acima explicitado, todos os ensaios foram escritos por alguém que não é profissional e jamais viveu em torno das arenas esportivas ou futebolísticas. A ignorância de certas pessoas e temas será, para o entendido, certamente espantosa. Mas por isso mesmo esses trabalhos podem surpreender por mostrarem aspectos que a imersão profissional esconde ou não deixa ver com clareza. De qualquer forma e qualquer que seja o resultado, o que me anima a reunir esses escritos sobre o esporte e o futebol é justamente a tentativa de preencher o vazio entre o que todos sabem ser importante, mas não sabem bem por quê.

E o significado maior, no futebol, como na vida, é a descoberta de que a bola corre mais que os homens.

Roberto DaMatta
Jardim Ubá, 1º de março de 2006

DUAS COPAS
DO MUNDO

Copa do Mundo de 1994

A BOLA CORRE MAIS
QUE OS HOMENS

26 Crônicas publicadas no *Jornal da Tarde*
entre 13 de junho e 15 de julho

— 1 —

Tenho 57 anos, mas nas Copas do Mundo, volto a ser o menino de 14 anos que, em 1950, foi ao Maracanã ver uma vitória esmagadora do moreno time brasileiro sobre uma então vermelha Iugoslávia.

Tenho a memória de papai risonho e esportivo, aberto à multidão que nos envolvia e ilhava como família, promovendo a nossa dissolução em torcedores individuais e independentes. Lembro-me igualmente da monumentalidade do estádio e do barulho surdo da multidão que se acomodava como podia dentro de suas entranhas. Multidão urbana alerta, interessada e esperançosa, muito diferente da imagem consagrada dos "populares", como ovelhas prontas para serem manipuladas.

E como a bola corre mais que os homens, testemunhava o milagre do esporte de massa, lavando meus olhos com o verde-amarelo de um Brasil que finalmente chegava à modernidade, construindo o "maior estádio do mundo" e organizando o certame que trazia ao nosso país milhares de "estrangeiros" que — estávamos convencidos — eram superiores a nós.

Naquela tarde testemunhei a superioridade, vivi a vitória, o respeito pelas regras e o papel da generosidade. Ficou no meu coração a cara de um popular que torcia como um desesperado, incentivando o Brasil com os mais cabeludos e embaraçantes palavrões. O povo xingava e o Brasil goleava.

Ali tive a primeira intuição do Brasil vencedor. Um Brasil que não era feito de "raças inferiores", mas que "comia a bola". Brasil construído a palavrões que abria para si mesmo as portas da excelência. Hoje, somos de fato e de direito reis do futebol e estamos partindo para um tetracampeonato mundial. Ah!, meus amigos, a bola realmente corre mais que os homens.

— 2 —

Numa consagrada crônica, Nelson Rodrigues, fala da "grã-fina de narinas de cadáver" que, em pleno estádio, pergunta para o seu milionário acompanhante do momento, um desses eternos Waltinhos, Diduzinhos, Jorginhos ou Olavinhos que reinam nas nossas colunas sociais: "Quem é a bola?"
— Quem é a bola?
Hoje, em pleno calor do certame mundial e com os olhos, a cabeça e o coração sintonizados na campanha do escrete brasileiro, a pergunta aparece ainda mais insólita e surrealista.
E no entanto eu digo que a grã-fina estava absolutamente correta, pois fazia, sabendo ou não, a grande pergunta. Ouso afirmar, portanto, que, tanto no futebol quanto na vida, "quem é a bola" é a grande, a única, a insofismável questão. De fato, falar do jogador, do juiz, dos estádios, dos contratos, das táticas, dos cartolas e do salário dos técnicos, como fazem todos, é uma maneira ingênua e infantil de fugir do verdadeiro assunto: o insondável e inefável caráter da bola. Porque, tirando a bola, todos esses personagens que ela coloca a reboque e a perseguem são seres racionais, logo quadrados e sordidamente previsíveis. Só a bola, em sua plena, inocente e esférica irracionalidade, conforme viu a grã-fina, desperta dúvidas.
Pois o que conta no futebol não é bem a treinada vontade humana, mas a sensual e caprichosa bola. Bola que simbo-

liza a gratuidade da vida e, de quebra, representa a sorte e o azar. Bola que, como uma Capitu moderna, vai para onde não queremos e, tendo movimentos indecifráveis, quase sempre cai nos pés dos nossos inimigos. Bola que, como uma Carmem, nos deixa loucos de ciúmes porque, depois de seduzir um primeiro, acompanha desavergonhadamente um segundo e, em seguida, flui natural e dengosamente para os sujos pés de um terceiro. Bola que, como esse final de milênio, é imprevisivelmente redonda e balofa, prenhe de rodopios, efeitos e movimentos imprevisíveis. Bola, afinal, que se transforma em coração e bate (surda, muda e absurda) dentro dos nossos peitos sobejamente abandeirados.

Essa bola que tentamos domesticar, segurar e "comer". Sem ela, poderia haver jogo, mas não haveria grandeza e ritual. Pois a bola representa insegurança, descontrole e, é claro, o sal da vida. Essa vida que nós temos que disputar com garra e altivez como se cada dia fosse uma final de Copa do Mundo. Bola que jamais será totalmente nossa.

Bola que corre mais que os homens...

— 3 —

Toda Copa do Mundo traz à tona uma irresistível tentação de conhecer o futuro. Se pudéssemos, sairíamos todos botando cartas, jogando búzios e coerentemente lendo bolas de cristal. E, no entanto, se tivéssemos pleno conhecimento dos eventos de cada disputa, destruiríamos o seu encantamento, liquidando a idéia central de jogo que nos conduz a uma aproximação perigosa e fascinante com o universo dos eventos puros e inexplicáveis: as surpresas e as coincidências. Pois jogar é ter o privilégio negado reiteradamente por todas as rotinas: o direito de errar e acertar. O jogo realça o lado imponderável e descontrolado da vida; ao passo que a técnica acentua a sua face previsível e rotineira. As rotinas nos levam às repartições, fábricas, oficinas, aos escritórios e igrejas, os jogos e o futebol nos levam aos "campos" — aos estádios e à sua magia.

As Copas, por apresentarem sem mais rodeios a nossa fragilidade e os nossos limites, mesmo quando temos uma imensa esperança de vencer, situam com clareza a necessidade de pôr em diálogo esses dois lados que constituem a existência humana: a certeza e a incerteza, a estrutura (que tudo organiza) e o acontecimento (que tudo transforma). No universo moderno o esporte tem sido um mecanismo e uma ponte exemplar na ligadura dessas duas dimensões da vida em sociedade.

Em geral situamos nos deuses (e nas máquinas) a capacidade de jamais errar. De certo modo, os nossos craques são precisamente as pessoas que permitem e garantem tais projeções. Deste modo, o grande jogador de futebol é, numa disputa máxima como uma Copa do Mundo, um desenho dessa necessidade e desejo de certeza.

Mas a bola corre mais que os homens...

Assim, Barbosa falhou contra o Uruguai em 1950. E Zico, ex-ministro do Esporte do ex-presidente Collor, perdeu aquele pênalti contra a França na Copa de 86. Nada mais contundente do que o esporte para restituir a nós, modernos obcecados com a certeza e a automação, as velhas idéias de profecia, controle e destino. É a possibilidade de realização de um destino adverso contra as expectativas técnicas que explica a derrota do vencedor e transforma o grande perdedor em vitorioso. Só os homens, cuja humanidade se articula entre o provisório e o eterno, podem gozar o drama do evento esportivo que promete mas jamais garante a vitória.

É essa visão da fragilidade que nos transforma em deuses no instante do gol e na vitória do Brasil. Mas, como o velho herói grego, Ulisses, recusamos a imortalidade e a onisciência. Pois saber o futuro é abrir mão da velha e deliciosa excitação humana, que faz bater forte os nossos corações no início da grande partida.

Pois, apesar de tudo, queremos que a bola corra mais do que nós.

— 4 —

Tal como a grã-fina do Nelson Rodrigues perguntou sobre a bola, pode-se também perguntar: E quem é a trave, qual o seu papel? Como essa Copa vai produzir muita bola na trave, a questão não é ociosa.

A trave é o eixo material que divide o tudo do nada, separando o lugar mais sagrado do campo, o espaço verticalizado e puro do gol, onde é necessário "meter", "enfiar" e "empurrar" a bola; e o erro, o azar e a superioridade técnica e tática (como dizem os teóricos do futebol) do adversário. Deste ângulo, nada mais singelo e verdadeiro do que a trave que obviamente "trava" as possibilidades de marcação de pontos, sendo uma espécie de sentinela simbólica a segregar irremediavelmente o certo e o errado, o previsível do inexprimível.

Envolta numa inefável rede branca, as traves ficam entre o espaço profano do estádio e o território sagrado do campo, e dentro dele surgem como um sacrário da multidão, acentuando e segregando o espaço do gol. Lembro-me que, quando menino almejante ao título de craque de futebol, fiquei tomado de uma santa emoção quando penetrei pela primeira vez no espaço de um gol e toquei o sacrossanto material da rede, notando como eram fortes aquelas malhas que, no entanto, podiam ser defloradas por jogadores cujos pés possuíam excepcional potência! Não deve ser — é óbvio — por mero acaso que alguns comentaristas imaginativos inventaram a expressão "véu da noiva" para designar essa poderosamente forte e puríssima rede.

Além disso, este espaço é guardado pela única posição fixa em todo o campo. Pelo "goleiro" que joga parado, veste-se de modo diferente e, como um sacerdote daquele espaço tabu, é o único jogador obrigado a praticar a suprema inversão do jogo de futebol: a de tocar a bola com as mãos. Quer dizer: no jogo do pé-na-bola, o guardião do sagrado, o "goleiro", só pode jogar de ponta-cabeça, usando suas nobres mãos, enquanto todos os outros usam os pés. Daí, não tenhamos dúvida, decorre a sua sobrenatural responsabilidade.

Mas é a trave que, como numa pintura clássica, o emoldura e guarnece. Essa trave que é, como as linhas de área, o fosso do castelo, a ilha da fantasia, a fumaça do cigarro, o perfume da mulher desejada. Fugaz, mas concreto a ponto de eventualmente impedir o orgasmo do gol.

Tudo me assegura que, no futebol como na vida, nada pior do que bolas na trave. Ou do jogador que acerta muito na trave. Porque isso significa uma atração fatal pela frustração e pela impotência.

A bola que pára de correr detida pela trave é um tremendo sinal inconsciente de quem não foi projetado para a vitória.

— 5 —

Vi Telê Santana afirmar que os americanos não sabem o que é uma Copa do Mundo de futebol. É pouco. Eles não têm nenhuma idéia do que é esse nosso "futibol". Sem terem paixão pelo "futibol" (que para nós é um jogo), para eles o futebol é apenas mais um esporte no qual 22 jogadores correm atrás de uma bola. Bola que, diferentemente da deles, não é um ovo que ao ser lançado transforma-se em bala, mas é realmente uma intrigante e incerta esfera. Uma bola a ser irracionalmente controlada e movimentada com os pés. Esses pés que falam de pernas, quadris e de outras partes situadas abaixo da cintura, esse quadrante abominado pela cultura burguesa em geral e pelo puritanismo americano em particular. Equador que delimita o que deve ser mostrado em sua pureza racional (o acima da cintura) e tudo o que se situa do lado de baixo e tem que ser escondido como sinal de incontrolável sensualidade.

Como, então, gostar de um jogo no qual se é obrigado a mover as cadeiras, a usar as coxas, a utilizar a cabeça e, sobretudo, a encostar-se malandra e sensualmente no adversário? Como ficar entusiasmado com um esporte que tem um pacto com a imprecisão e a incerteza precisamente porque é jogado com os pés e não com as mãos, esses instrumentos de exatidão e previsibilidade?

Nos Estados Unidos, "futibol" não é *football*, mas *soccer*. Diz o maravilhoso e corretíssimo mito de origem que ambos vieram do costume aldeão inglês de chutar cabeças de inimigos logo lamentavelmente substituídas por bolas de pano e couro. Dessa forma primitiva e lendária, surgiram três variantes esportivas: o rúgbi (muito popular entre a aristocracia inglesa), o futebol americano (um rúgbi mais sofisticado e agigantado pelo gosto americano da precisão, dos uniformes superequipados, das técnicas e de um campo milimetricamente marcado) e o *football association*, esse que roubamos de um dos nossos heróis civilizadores, os ingleses, e fizemos nosso.

Numa sociedade onde o controle motor não é muito valorizado (quem não se lembra dos filmes de Jerry Lewis?), o *soccer* é um jogo considerado muito difícil, pois requer imenso virtuosismo físico. Ademais, é um jogo com escores muito baixos, o que não entusiasma muito essa sociedade fascinada por quantidades e que se deleita por ser dona das maiores cifras em todos os campos. Quem pode se interessar por um jogo onde, depois de 90 minutos de dura disputa, não há nenhum ponto, como é comum no *soccer*? E quem se interessa por uma atividade que proíbe a tática, o plano, o uso do diagrama e dos jogadores como soldados, numa disputa cuja ênfase não está apenas nas habilidades corporais, como ocorre com o nosso futebol, mas também na conquista e preservação de territórios em guerra como é o caso do futebol americano? Acresce a tudo isso o fato de que os Estados Unidos são uma sociedade da especialização e da divisão de trabalho que o futebol deles exprime com precisão, tendo jogadores especializados em defender e atacar, em passar e receber a bola, em correr com ela e em bloquear os adversários.

Finalmente, como gostar de um esporte que não é parlamentar? Ou seja, um esporte no qual não há uma jogada inicial para o outro time rebater, como acontece com os discursos do parlamento, e como os chutes, os saques e as bolas que dão a partida, como é o caso do futebol americano, do voleibol e do beisebol? Vale também lembrar que no futebol americano não é o time que carrega a bola em conjunto (ou associação), mas o jogo tem início com um chute inicial para o time adversário que responde correndo com a bola para o campo inimigo. Nesse esporte, os homens correm tanto quanto a bola!

Para os americanos esse é o esporte que melhor exprime sua sociedade. Daí a paixão e a seriedade com a qual o encaram. Lá, o nosso *soccer* é praticado por crianças e meninas. Vamos ver se essa Copa vai dar à FIFA mais do que verdes dólares. Eu, sinceramente, duvido...

— 6 —

Acabo de assistir à abertura oficial da Copa do Mundo. Do belo estádio Soldier's Field daquela Chicago que certamente é a mais americana das cidades. Um lado meu gostou daquele show de massas, que apenas imitou o que os Jogos Olímpicos fazem com mais grandeza e emoção a cada quatro anos. Mas o meu lado brasileiro, centrado exclusivamente no futebol como paixão, considerou uma verdadeira heresia ver e ouvir o canto da velhinha Diana Ross e o rock barulhento e completamente sem graça do tal de John Secada misturarem-se ao jogo que eu ligo à vontade divina e à honra nacional brasileira.

Foi, pois, com um certo desdém que vi Diana Ross ser acompanhada na movimentação estilo Broadway de um conjunto de lourinhos perna-de-pau que pretendiam realizar uma espécie de síntese dos movimentos do nosso "futibol". Qualquer velhinho brasileiro faria melhor do que aquele bando de energéticos jovens que sabiam tudo, menos tocar a bola.

Depois foi a vez da apresentação dos países por ordem alfabética, dando, como sempre, aquela falsa impressão de igualdade. Penoso ver o nosso Brasil surgir como sempre, dando aqueles reboladinhos de sambão. Mas depois de ver o que faziam os outros países notei, para meu próprio consolo, que cada sociedade é uma prisioneira de si mesma. O Brasil desses dengos sambistas que, sejamos justos, são mais alegres que a dança e a música que embalavam os outros. Acabei de pensar nisso e um amigo americano apaixonado por *soccer* me liga de Chicago para concordar: "Você tem razão, mas console-se com as danças da Bulgária e com os passos cossacos supermanjados da velha Rússia." E completou fulminante: "Olha, a Suíça foi tão paulificante que fez com que os suecos parecessem latinos..."

Tudo isso confirma que, nos Estados Unidos, esporte é antes de tudo espetáculo. Modo de produção de massa de onde pode sair eventual beleza e até mesmo algum entusiasmo, mas cujo interesse central é a manufatura de muita grana. Isso não casa com a nossa associação do "futibol" com pátria e nacionalidade, com "raça", sacrifício, sofrimento. Com a paixão verde-e-amarela que finalmente pode desavergonhada e abertamente povoar os nossos corações.

Desta abertura ficou em mim a imagem da modernidade e do individualismo que de certo modo contrariam a natureza de um esporte como o "futebol associação" que é, sem dúvida, mais do que um esporte coletivo. É um jogo de relações, de tabelas, de passes, de intuições, no qual cada jogador se suplementa e completa no outro de modo paralelo, revelador de uma esquecida interdependência.

Esporte encantado e mágico. Encantamento e magia que essa abertura higiênica e musicada sufocou, mas que há de surgir plena de energia na próxima segunda-feira quando enfrentarmos a Rússia. Então a coisa vai ser mais para vela e Orixá do que para Broadway e Bill Clinton.

— 7 —

A Copa do Mundo distingue-se da Olimpíada por concentrar todas as atenções num só esporte: no "nosso" futebol. Enquanto nos Jogos Olímpicos existe uma enorme variedade competitiva, que inclui esportes individuais e coletivos, na Copa o futebol é o dono exclusivo de todas as atenções. Claro que isso traz imediatamente à tona o comportamento das diferentes platéias em relação ao futebol. Alguns dos nossos "teóricos" andaram estranhando o que eles viam como um descaso dos americanos pelo nobre "esporte brasileiro". Entendo o estranhamento. Ele simplesmente demonstra não só o nosso investimento simbólico e emocional no futebol, que representa no Brasil muito mais do que um esporte, mas, sobretudo, o fato de que, sendo bons de bola, queremos que todos prestem atenção (e eventualmente) louvem a nossa capacidade e a nossa excelência. Ademais, apesar de campeões do mundo de voleibol, Fórmula 1, vela, hipismo e basquetebol masculino e feminino, apesar de termos excelentes corredores, saltadores e nadadores — todos de nível mundial —, continuamos a ter uma visão antiga de nós mesmos. Uma autoleitura concentrada numa só coisa ou atividade — no café, na malandragem, no clima tropical, no carnaval e no futebol.

Deste modo, as observações dos comentaristas, estranhando o descaso americano pelo futebol, não são corretas. Pois na realidade o que estão estranhando é a nossa monomania, essa nossa paranóia que tudo hierarquiza e tudo tende a concentrar numa só instituição, pessoa ou atividade. Dos dinheiros públicos e privados nas mãos de alguns ministros e oligopólios, até as atividades políticas, literárias, artísticas, religiosas e esportivas que desejamos (sabendo ou não) que estejam sob o controle de algumas pessoas. Ainda somos o país que precisa perguntar: quem é o maior escritor (jogador, político, time, automóvel etc.) do Brasil? Ainda somos a pátria convencida que existem mesmo luminares supremos e excelsos em todas as atividades. Se temos no campo político os nossos salvadores e tivemos no catolicismo romano a nossa religião oficial, elegemos — de acordo com essa lógica — o futebol como o nosso "esporte oficial". Daí, sem dúvida essa cobrança em cima dos americanos que, como povo igualitário e democrático, sabem que todo país continental e com população acima dos cem milhões tem a capacidade de produzir e de se interessar por muitos esportes, artes e pessoas simultaneamente. E sabem que quanto mais se admira uma atividade esportiva, mais as outras têm oportunidade de crescer e não o contrário, como tendemos a pensar. Pois se uma pessoa, instituição ou atividade dá certo, é sinal que tudo o mais pode funcionar.

    No fundo, é preciso acreditar que a bola corre mesmo muito mais que os homens...

— 8 —

Incrível o preconceito dos nossos jornalistas contra nós mesmos e contra o Terceiro Mundo. Há uma torcida inconsciente e velada para que os países do Terceiro Mundo confirmem a sua proverbial e suposta inferioridade. No jogo de ontem, entre Camarões e Suécia, o verdadeiro espetáculo não era o que se via na telinha colorida, mas o que se passava na cabeça dos comentadores que destilavam um preconceito inconsciente e feroz, referindo-se aos Camarões como "o time africano" e chamando seus jogadores, sobretudo o maravilhoso, ousado e criativo goleiro Bell, de irresponsáveis.

Tudo o que o time dos Camarões apresentava de inovador era visto como prova de inferioridade. As melhores jogadas eram lidas como coisa de time menor, de seleção "africana". De pretos que ali estavam para dar um "passeio" — ou seja, de pessoas que não estavam levando a Copa com a devida seriedade ou "virilidade" (dá-lhe machismo!!!) dos times "europeus", estes sim, civilizados e capazes. Deste modo, os nomes dos suecos eram pronunciados com precisão — qual o locutor brasileiro que não quer ser sueco? —, ao passo que o nome dos jogadores dos Camarões era sempre dito com um acento de gozação porque, afinal, eram nomes "africanos". E, no entanto, independentemente do resultado, os Camarões deram um banho de bola nos pernas-de-pau dos suecos, produzindo um espetáculo maravilhoso, num estilo futebolístico típico de uma sociedade na qual o corpo é importante. Assim, eles, como nós, gingavam e dançavam no tal "futebol alegre" que o Armando Nogueira, com justa razão, tanto tem cobrado do Parreira. Usavam não só as pernas, como tentam fazer inutilmente os europeus, mas todo o corpo. Mas como o time dos Camarões não é um selecionado primeiro-mundista e branco, tudo o que apresentou de criatividade foi lido como infantilidade, maluquice, falta de experiência e irresponsabilidade.

Pobre Terceiro Mundo que tem que lutar contra o futebol adversário e também contra os seus "teóricos". Pobre Terceiro Mundo que disputa muito mais do que futebol, pois sua verdadeira luta é com o seu próprio sistema de crença que reafirma sistematicamente a sua inferioridade.

Mas, como a bola corre mais que os homens, cada Copa revela muito mais do que a luta pelo caneco. Ela mostra a tentativa feroz e corajosa de resgatar a nossa própria alma.

— 9 —

Tempo de Copa, tempo de preconceito. Tempo no qual se projetam na grande tela da sociedade as nossas fantasias, temores e esperanças mais escondidos e secretos. Tempos também e principalmente dos "professores" de futebol. Dos teóricos que falam não do jogo que está acontecendo, mas do jogo que gostariam de estar vendo e — haja saco, pois quem paga o pato somos nós — que gostaríamos que víssemos.

Tome, pois, correções e admoestações no momento das partidas. E tome aula de futebol nas ingênuas crônicas dos nossos comentaristas. Como todo mundo está nos Estados Unidos de corpo ou de alma, as bobagens se multiplicam pelo tamanho maracanã da santa ignorância de cada qual. Assim, leio que, nos Estados Unidos, a polícia prende mesmo. Aprendo que os restaurantes dão troco errado e — surpresa, surpresa — que brasileiros honestos (não é que eles existem?) devolvem o troco. Descubro também que o futebol foi inventado pelos 11 dissidentes dos colégios aristocráticos da Inglaterra e que ele é menos violento do que o famoso futebol americano.

A última afirmativa simplesmente revela a ignorância e o preconceito com relação a um esporte que, como toda atividade humana, tem seus pontos altos e baixos, suas dimensões positivas e negativas. Mas que, diferentemente no futebol-relação, jogado com os pés, situa-se de modo radical e diverso relativamente à violência. Pois no futebol americano, o que chamamos de violência é parte explícita do jogo, sendo a ele incorporada como um elemento de sua própria identidade como estilo, arte e técnica. No futebol americano, o jogo consiste em bloquear os adversários, pois o que conta pontos não é fazer a bola penetrar num arco, mas o jogador carregar a bola (que é, de fato, uma bala) para dentro do território inimigo. Um jogo de futebol americano pode ser descrito pelo número de jardas que um dos times foi capaz de conquistar num determinado número de minutos. Mas, notem bem, essa violência, embora explícita, é governada. Lá, a maior ofensa é tocar na máscara protetora do adversário ou avançar para o outro antes da ordem dos juízes, que são numerosos e observam a partida com a ajuda de olhos eletrônicos.

Tal como no sistema político norte-americano, o seu futebol incorpora abertamente o conflito e a violência, metaforizando os avanços e as perdas em termos de território. Ganha o jogo quem penetrar num maior número de jardas do território inimigo. Tal como fizeram os americanos quando construíram o que chamam de Estados Unidos.

— 10 —

Tempo de Copa é tempo de exaltação das identidades e, com isso, ocasião de auto-exaltação e de mostra de preconceitos. Tive minha primeira lição de racismo através do futebol, quando o Brasil disputava aquelas verdadeiras guerras que eram os campeonatos sul-americanos. Um dia, depois de uma partida perdida contra a Argentina, um dos meus tios veio com um jornal que estampava, de um lado, o time portenho todo ele forte, bem nutrido e, acima de tudo, branco e, do outro, o time do Brasil, com sua maioria de jogadores negros, cafuzos e mulatos — mestiços de expressão franzina, olhar humilde e cabelos de aço. Apontando as fotos, meu tio falou, acusativo: "Veja o que é uma sub-raça e uma raça superior!" Não preciso dizer que nós éramos os inferiores.

Passou o tempo, mas até hoje enfrentamos esse mesmo preconceito de raça que nos condena a uma insuperável inferioridade. Semana passada, um douto "professor de futebol" dizia ao Jô Soares que ele não confiava no time do Brasil. E arrematava arrogante: sobretudo "nos anõezinhos Romário e Bebeto". Assim falou o "professor" e falam quase todos os "teóricos" do futebol — os "entendidos" —, indicando simplesmente que o nosso time tem muitos inimigos. O pior deles sendo aqueles que torcem para que o Brasil dê errado, tenha inflação, seja feio e não funcione. Temos muita gente com medo da vitória. E sabem por quê? Porque a vitória nos faz — pasmem! — amar o Brasil e vibrar com ele.

Mas, como a bola corre mais que os homens, nada melhor do que uma esmagadora vitória do Brasil, como essa que acaba de ocorrer contra o escrete russo, para demonstrar a fragilidade dessa mentalidade.

De fato, anteontem, os nossos teóricos já estavam com as barbas de molho, porque o que se tem visto nesta Copa é um bando de pernas-de-pau. Já no sábado, possuído pelo espírito de Nelson Rodrigues, eu dizia que o Brasil tinha o melhor plantel da Copa. Um dos meus sobrinhos vaticinava que não iríamos passar de um humilde primeiro jogo; um cunhado dizia que nós, latinos, não tínhamos objetividade. Um irmão reativava as velhas teorias racistas que ainda estão muito vivas entre nós.

Mas não há como a prática para liquidar as teorias. Com essa insofismável vitória contra a Rússia, dissolveram-se os pessimismos e o time bisonho virou imbatível.

Moral da história: só quem precisa de teoria é a derrota. Na vitória, quando tudo o que foi feito deu certo, só cabe o orgulho e o gozo da comemoração.

Já dizia Marx que a prova do pudim está em comê-lo. Graças a Deus que a bola corre mais do que os homens.

— 11 —

Passadas as emoções mais imediatas do jogo de estréia do Brasil, vale recordar o conjunto de sentimentos que definimos pelo verbo "torcer", esse ato que, tanto no futebol quanto na vida, nos transforma em "torcedores". Quanto mais não seja porque, nos Estados Unidos, como na maioria dos países que insistimos em chamar de "adiantados", não existem torcedores, mas espectadores.

Quer dizer, ao desencanto de um mundo moderno e individualista, onde rola a competição e o dinheiro e não há abismos predeterminados entre os grupos sociais, corresponde o espectador atento que aplaude todas as boas jogadas e que paga para ver um bom espetáculo. Trata-se daquele público que, em 1958 assistiu, suecamente, entre o educado, o curioso e o feliz (isso mesmo, feliz!), à sua própria derrota frente ao nosso Brasil de Pelé, Vavá e Garrincha. Em 1950, no Rio de Janeiro, perdendo para o Uruguai, nosso comportamento externo foi exemplar e civilizadíssimo, mas como somos torcedores e não espectadores morremos todos por dentro. Daí termos desenvolvido uma rejeição inconsciente e quase patológica pelo futebol, uma verdadeira síndrome neurótica que só foi curada em 1958 quando, finalmente, ganhamos o nosso primeiro caneco. Mesmo assim até hoje somos assombrados pela derrota que, para nós, representa mais do que perder partidas, pois confirma uma inferioridade que nos persegue como povo e nação.

Todas essas emoções retornam vivas e fortes, porque torcemos. Esse torcer que é para todos nós um ato que envolve muita magia e que é maior que o amor. Gesto que nos confere plena identidade e garante que fazemos mesmo parte de um conjunto que pode atuar de forma harmoniosa, forte e honesta. Torcendo pelo Brasil, finalmente juntamos o Brasil, um país que tem bandeira, hino e um lado oficial, com o Brasil sociedade que, apesar de suas imensas desigualdades, tem uma inesgotável alegria de viver. Brasil musical que gostaria que a vida tivesse sempre ritmo e alegria. E que provoca inveja e respeito porque mostra ao mundo que o corpo (mais que a conta no banco ou o carro) é o dom mais precioso que recebemos do Criador.

Por isso ficamos aflitos quando descobrimos como eternos torcedores que a bola pode correr mais que os homens.

— 12 —

Graças a estas crônicas, tenho feito meu dever de casa e assistido a todos os jogos desta Copa do Mundo. Como não sou entendido, não ouso comentar planos, estratagemas ou táticas de partida. Mas observo coisas e leio os fatos. Por exemplo, não deixa de ser interessante que a primeira rodada da Copa trouxe a derrota para todos os países do Terceiro Mundo, confirmando para certos comentaristas e torcedores aquela infalível superioridade do Primeiro Mundo. Graças a Deus, porém, o Brasil venceu a Rússia, fazendo com que eu finalmente observasse o poder do nome, o peso da imaginação, a magia da marca registrada.

Pois o fato concreto, conforme esta Copa nos revela, é que jogamos não somente contra os outros, mas acima de tudo contra nós mesmos. Ou melhor: contra as representações e as imagens que fazemos dos outros. Assim, quando o nome de certos países é pronunciado, parece que soa o terror. Ou melhor: a superioridade com que os classificamos surge como um trovão impedindo que, no jogo contra eles, possamos ler a vitória. Estou convencido que foi isso que ocorreu no jogo treino contra o fraco time do Canadá. Mas noto que, deste ângulo, o time real que jogou nada tem a ver com a sua imagem mágica que faz mais estragos na nossa cabeça do que os seus jogadores no campo.

Pior, entretanto, do que o Canadá é o caso da Rússia, da Alemanha, da Suíça e de outros países que, tendo servido como modelos civilizatórios durante anos, nos amedrontam no esporte, mesmo quando não são de nada. Cabe reconhecer que temos despachado muitas dessas assombrações. Mas não podemos esquecer, sob pena de praticarmos o auto-engano, que elas ainda existem...

O fato é que todos esses nomes funcionam como fantasmas e bicho-papão. Tudo é uma grande ilusão, diria um bom materialista. Mas o que é o jogo, a sociedade, o dinheiro e a vida, senão um conjunto de regras que todos seguimos, perdendo ou ganhando, até morrer?

É por vivermos de ilusões que descobrimos que a bola corre mais do que nós.

— 13 —

Vendo a Argentina dissolver a nobre Grécia que tomou de 4 a 0 de modo disciplinado, apolíneo e estóico, lembrei-me que assisti a meus primeiros jogos de futebol em São João Nepomuceno, uma cidade do interior de Minas, no início da década de 1950. Foi ali que me dei conta e tomei plena consciência do esporte bretão e que fiz minhas primeiras tentativas de virar um "craque da pelota". Foi ali também que vislumbrei o universo do esporte e, sem dúvida, descobri o seu ponto mágico.

Pois foi vendo aquelas humildes, mas disputadíssimas partidas de futebol entre o Mangueira e o Botafogo de São João Nepomuceno, que enxerguei o que até hoje me deixa comovido quando vejo qualquer atividade esportiva. Quero me referir à descoberta de que sem o conhecimento e a obediência às regras não há jogo, partida ou esporte.

Sendo assim, o que mais me impressiona nesta Copa, a par do belo e emocionante espetáculo de futebol que sempre inventa surpresas, é o fato de que todos — público, comentaristas, dirigentes, juízes e, naturalmente, jogadores — sabem as regras. E como todo time quer ser vencedor, não deixa de ser esplêndido assistir ao controle que as normas exercem sobre os desejos de vitória a qualquer preço.

Neste sentido, cada jogo da Copa é uma espécie de cabo-de-guerra, no qual de um lado fala o egoísmo do time que quer vencer; e, do outro, comanda as normas do esporte que, como diria Norbert Elias, transformam o desejo bruto em coisa civilizada. No fundo, trata-se do próprio drama humano, na sua luta com a sua natureza que é simultaneamente trágica e orgulhosa. Trágica, porque as normas determinam sempre a hora, o local e um vencedor e um perdedor. E todos sabemos que há hora para tudo: para perder e vencer, lutar e desistir, vibrar e chorar, começar e acabar. Orgulhosa, porque o esporte, como a vida, nos oferece as normas para sua própria ultrapassagem. Para que possamos honrá-las. E honrar a lei é um gesto de grandeza que nos obriga à criatividade, à auto-superação, ao esforço que distingue o gênio do homem comum.

Por isso, meus amigos, eu assisto à Copa com os olhos voltados para o Brasil e para o drama humano que nós, como os melhores nesse esporte, ajudamos a construir com amor, vontade e determinação. Neste sentido preciso, tanto faz perder quanto vencer. A honra jamais será nossa, mas do jogo do qual um dia tomamos parte.

A bola corre mais do que os homens.

— 14 —

Temos assistido a belas partidas e visto muitos ataques criativos e fulminantes como os da Nigéria, Romênia, Estados Unidos e, graças a Deus, do nosso Brasil. Toda Copa do Mundo produz os seus artilheiros e também o contrário dos grandes goleadores: os seus frangueiros.

É terrível quando um goleiro ganha a fama de "frangueiro", um termo que o define como um jogador incapaz de pegar as bolas fáceis ou, o que é bem pior, um jogador que como guardião do espaço mais sagrado do seu time não consegue despertar a menor confiança dos seus companheiros e da torcida. Nada pior, portanto, do que um arqueiro que "engole frangos", porque todos podem errar em campo, mas o erro do goleiro quase sempre é fatal.

Não deixa de ser, entretanto, curiosa essa associação da bola que entra fácil no gol e a figura do frango, do jovem e esperto galináceo que, no quintal, dá um enorme trabalho para ser capturado.

Quem já tentou pegar um frango? Não é coisa fácil, porque o bicho corre sem direção fixa passando por entre as nossas pernas, causando tonteira e confusão. Nada mais patético, portanto, do que observar uma pessoa correndo atrás de um frango. Ora, é precisamente esse atabalhoamento diante de uma tarefa modesta e prosaica que nós, brasileiros, acentuamos e aplicamos aos goleiros, quando eles se vêem atrapalhados com a bola — essa bola que eles têm o privilégio exclusivo de manipular com a mão.

Isso mostra igualmente que a bola é como uma galinha, capaz de correr para todos os lados, habilitada que está por sua natureza esférica e imprevisível de mudar subitamente de direção e, pior ainda, confundir, na sua errática trajetória, todo mundo e, sobretudo, o goleiro. Deste modo, quando se diz que aconteceu um frango, estamos acentuando a falta de convicção do goleiro, o que salienta a ambigüidade e a profunda humanidade desta posição. Uma posição que isola e individualiza o homem que a desempenha. Assim, quando o time é vencedor, os goleiros não pegam na bola. E quando jogam muito, como tem acontecido com o Córdoba, o malfadado goleiro da Colômbia, é sinal que as coisas vão muito mal, pois as suas chances de tomar um frango são ampliadas.

Mas o fato é que existem frangueiros. Nesta Copa temos já um bom conjunto, começando com Trucco (da Bolívia), Al Deayea (da Arábia Saudita), Pagliuca (da Itália), Zubizarreta (da Espanha) e o saudavelmente ambíguo Bell que fica naquela linha intermediária e muito humana, entre o craque e o frangueiro.

Pois ninguém melhor do que o goleiro sabe que a bola corre mais do que os homens.

— 15 —

Acabo de assistir a mais uma bela vitória do Brasil, desta vez contra o time dos Camarões. Partida em que se confirmou a superioridade do time brasileiro e a excelência técnica de Raí, Bebeto e Romário (como sempre um azougue goleador). Fiquei muito impressionado com a atuação do incansável Leonardo e com o zelo e o brilho de Dunga que, com impressionantes jogadas, limpa o seu nome de uma crônica esportiva que sempre aproveita para falar mal do Brasil.

De fato, ainda agora, depois de uma expressiva e esmagadora vitória de 3 a 0, tinha gente que achava que o Brasil poderia dar de oito!!! E, com isso, reclamava de um justo cuidado da comissão técnica que sabe que numa Copa do Mundo não pode haver engano.

Foi, ademais, uma partida interessante porque reuniu equipes com uma movimentação corporal semelhante, com um modo de jogar a bola em que todo o corpo contribui para a definição das jogadas. Equipes com um excepcional controle de bola e com uma notável habilidade para praticar aquilo que define o nosso futebol: o modo relacional de jogar, com passes rápidos entre os jogadores e muitas tabelas. Foi um belo jogo, a despeito do nervosismo inicial que dominou as duas equipes.

Observando um time africano e um time de um país construído por africanos escravos jogando, vê-se como um esporte inventado na Inglaterra foi apossado, domesticado e vivenciado com maestria, garra e arte pelos africanos, tanto quanto tem sido por nós, brasileiros. Seus irmãos em cultura e seus algozes, quando os trouxemos para cá como escravos. O jogo de hoje nos redimiu historicamente, pois apresentou em campo dois times iguais. É a glória do esporte. É o privilégio do futebol.

Do meu ponto de vista, impressionou-me a firmeza do time. O seu estilo tático já com contornos definidos. O seu ritmo de jogo que acabou por dominar e destroçar a equipe adversária que teve em Bell, o seu goleiro, um grande jogador. Mas pude vislumbrar hoje, na cabeça de cada jogador, a aura de campeão.

— 16 —

Esquecidos que a bola realmente corre mais que os homens, botamos para fora uma verde bílis e uma santa ira depois do modesto empate do Brasil com a Suécia. Esquecem-se que toda Copa tem um jogo duro que se ganha ou empata tocado mais a fé, esperança e caridade (sobretudo caridade) do que a futebol. Não sou entendido, mas creio que fizemos muito. Não é fácil sair de uma derrota num segundo tempo, sobretudo quando o time não se entendia bem e sofria as pressões de uma inteligente e excelente marcação adversária. Entretanto, essa sofrida e ciclópica virada é ainda muito pouco para alguns de nós — pelo menos para um lado nosso que é o representado por parte da imprensa esportiva. Um lado, cuja raiva simplesmente expressa a visão coletiva e o desejo infantil que quer ver o time brasileiro vencendo todas as partidas de goleada.

Como isso não é humanamente possível, pois o futebol, como tenho chamado a atenção repetidamente, caracteriza-se pela imprevisibilidade que faz com que cada jogo seja bem diferente do outro, basta o Brasil jogar um pouco pior para que se reinicie aquele antigo processo de malhação que contém uma enorme dose de exagero.

O fato, porém, é que estamos classificados. O fato, porém, é que viramos o jogo depois de termos tomado um gol (aliás um frango de Taffarel). O fato, porém, é que o empate para nós pode ser lido como uma insofismável vitória.

A relação entre um time e seus torcedores é difícil e curiosa. Lembra os laços entre os amantes apaixonados. Se a mulher olha para o lado, o amante pode ser devorado pelo ciúme. Se ela não olha para ninguém, o homem reclama de falta de confiança. Assim é com o escrete brasileiro. Se joga bem é o maior do mundo. Se joga mais ou menos, torna-se o pior time do mundo.

Como a bola corre mais do que os homens, seria bom que cada um de nós se colocasse no lugar do Parreira, do Raí, do Dunga e dos outros jogadores. Aí veríamos que o empate foi prova de raça e de fé. Essa fé que vai nos recompensar. Amém...

— 17 —

Quando eu era menino, havia um personagem que morava num morro perto de nossa casa. Era um homem humilde, que vivia de entregar verduras. Dia sim, dia não, levava verduras na casa de minha avó para que ela, sua "freguesa", escolhesse as mais viçosas. Seu Zezinho morava só e tinha um passado envolto em mistério. Dizia-se que ele havia perdido toda a sua família depois que um dom-juan local — chama-se esse tipo de "gavião" — "roubara sua mulher", desmoralizando-o perante vizinhos, amigos e parentes. E o pior era que o tal "ladrão de mulher" era o seu melhor amigo.

Um dia tomei coragem e perguntei a minha avó se aquela história era verdadeira. Vovó nem confirmou, nem desmentiu. Fez apenas um ar indiferente com o qual os adultos gostam de brindar as crianças quando enfrentam as questões a que não querem responder. Queimado de curiosidade perguntei a um amigo mais velho que não só confirmou a história, mas ainda me forneceu o motivo pelo qual a mulher o havia abandonado: o verdureiro era "broxa", impotente, incapaz de fazer sexo. Foi por causa disso, falou meu amigo com veemência brasileira, "que a mulher o deixou". "E o seu Zezinho?", indaguei mordido pela angústia do seu drama e já tomado de uma imensa simpatia pelo pobre homem. "Bem", disse-me rindo o amigo mais sabido: "Seu Zezinho diz que todas as vezes que ele queria comer a mulher havia empate! Empate, broxada, compreendeu?"

É claro que entendi. Tanto que a história e a figura tragicômica do seu Zezinho não me abandonaram até hoje. E volta à minha mente quando o time do Brasil assume a decisão política de jogar para empatar, de encarar o jogo de futebol como uma atividade racional, previsível e "profissional", como querem Zagallo e Parreira.

Se um time adota a ideologia do empate, ele assume a sua impotência e vira o seu Zezinho. Deixa de ter confiança nos próprios pés — ou melhor: no próprio taco —, preferindo deixar que a Copa o abandone por outro selecionado mais sedutor, mais confiante, mais ousado e mais potente. Pois a potência que sustenta casamentos, engendra filhos e, no campo de futebol, produz a vitória, não depende só de milagre. Ela é, acima de tudo, o resultado da decisão de "comer a bola" e o time adversário. Mas para tanto é preciso exorcizar o empate, a trave e a indecisão.

Se a bola, como todo mundo sabe, corre mais que os homens, não se pode ficar parado, tem-se que correr atrás dela e fazê-la penetrar no gol do adversário.

— 18 —

A grande surpresa desta Copa não vem somente dos campos de futebol, mas do que acontece antes dos jogos — nos quartos dos hotéis e nos vestiários dos estádios. O drama de Diego Maradona traz à tona a esquecida presença de um tipo de atleta que o esporte moderno tem banido dos estádios: o futebolista problema, o craque indisciplinado, aquele que antigamente era chamado de "jogador temperamental".

O "temperamental" era o equivalente às prima-donas das óperas e as superestrelas de Hollywood. Definiam-se como atletas cuja excepcionalidade dava-lhes o direito ambíguo a terem uma personalidade explosiva, tudo isso decorrendo de uma pesada consciência do seu sucesso e da sua posição de heróis. Eram, salvo raras exceções, o melhor exemplo de que a genialidade eventualmente desembocava em maluquice.

Tivemos muitos jogadores desta estirpe. Almir, do Vasco da Gama, foi um deles; Carlyle, do Fluminense, outro. O próprio campeão do mundo, Didi, numa escala menor, certamente fazia parte desta linhagem. Mas ninguém, neste time de jogadores problemas, excedeu a Heleno de Freitas que iniciou sua carreira no Botafogo, terminou-a no América e inaugurou a fase do jogador-estrela atuando com salários milionários na Argentina e na Venezuela, para depois apagar-se tristemente numa casa para doentes mentais em Barbacena, viciado em drogas.

Heleno se excedia em tudo: tanto na elegância do seu futebol de atacante, na beleza física do seu porte, nos modos de rapaz de classe média com diploma de advogado, coisa rara naqueles dias, quanto na agressão compulsiva a adversários, companheiros, árbitros e público.

Effenberg, o jogador alemão expulso por sua própria delegação, lembra o torturado Heleno. O mesmo ocorre com o argentino Diego Maradona. Pois só um atleta com um encontro marcado com o suicídio moral pode ter feito o que fez, ao ingerir um coquetel de efedrina no dia do jogo contra a Nigéria. A menos que se diga que a FIFA é um órgão irresponsável, o que seria impensável, o que temos é um caso típico da doença que atinge os famosos: a onipotência que os faz perder contato com os azares e os limites impostos pelas regras do jogo: a chamada "realidade da vida".

Diante de tão formidável falta, só se pode apelar para os traços psicológicos que fazem com que o sucesso seja o algoz e a cruz de certas pessoas. De fato, esses "temperamentais" exprimem a relatividade do sucesso revelando cabalmente que esse estado ou condição nem sempre produz beatitude e tranqüilidade.

Pois ninguém melhor do que eles sabe que o sucesso, como a bola, corre mesmo muito mais que os homens.

— 19 —

Haja estômago, pulso, cabeça, unhas, cerveja e sistema nervoso para assistir os jogos da nossa seleção. Passei a acreditar em milagre depois da vitória do Brasil contra os Estados Unidos. Nossos deuses, santos, espíritos de luz, guias, duendes, fantasmas, magos e orixás foram, afinal de contas, mais fortes do que as almas dos *Founding Fathers* americanos — Washington, Jefferson e Madison — que eu juro que vi no campo de Stanford, fechando o gol dos Estados Unidos, criando situações negativas e atrapalhando como podiam o time do Brasil.

Aqui em casa, sabíamos que o Brasil não iria dar um mero passeio jogando contra o selecionado americano. Seria muito duro jogar contra os Estados Unidos justamente no dia de hoje, o 4 de julho, o Dia da Independência dos Estados Unidos, o que naturalmente criava uma onda de energia muito grande contra nós. Uma coisa é enfrentar a Rússia e ser o favorito da torcida; outra, muito diversa, é ter pela frente o time da casa que tem feito uma campanha exemplar numa Copa do Mundo que ele próprio patrocina. Não é fácil, em futebol, jogar na casa do adversário numa data importante e com uma grande expectativa contra nós.

Felizmente mostramos que temos futebol e, mais que isso, caráter para vencer todas as circunstâncias que o destino colocou no nosso caminho. Primeiro, a expulsão de Leonardo que deixou o time deprimido e um tanto desmoralizado; depois, os gols perdidos por Romário e Bebeto; finalmente, o término de um primeiro tempo em branco para nós.

Foi uma prova de fogo. De minha parte, fiz tudo o que tinha direito: do feroz e brutal xingamento até a oração interesseira, dessas que Deus atende porque é mesmo Todo-poderoso e sabe que os homens são todos uns ingratos. Uma vez, porém, exorcizados pelos nossos guias espirituais, os sobrenaturais cívicos americanos, viramos o jogo e fizemos o impossível. Vencemos com dez jogadores e com uma equipe que demonstrou uma nobre disposição e um raro desejo de vencer. Felizmente conseguimos, o que mostra que criar situações é o dado básico deste esporte-jogo que, sem dúvida, é o mais emocionante que os homens conseguiram inventar.

E como a bola corre mesmo mais que os homens, fomos melhores com dez...

— 20 —

A desclassificação da Argentina confirma que o futebol, como o coração, tem razões que a própria razão desconhece. De fato, as suas surpresas invocam não apenas os triviais apelos à sorte e às complicadas (e quase sempre vazias) explicações dos especialistas, mas revelam o denso espaço interno de uma atividade que dentre todos os esportes modernos tem sido a única a conservar o seu sabor de "jogo". Quer dizer, de todas as atividades lúdicas que se transformaram em esporte e ganharam uma moldura racional, plenamente integrada ao universo do capitalismo e do espetáculo de massa, destinado a produzir dinheiro, o futebol foi o que mais preservou a dimensão de uma incerteza que irradia o drama e a excitação que todos pagamos para ver.

O universo do esporte nasceu de um conjunto de atividades festivas e anti-rotineiras que contrastavam com as obrigações do trabalho. Se o trabalho obriga, a festa inventa a escolha. Se o trabalho tem como objetivo a racionalidade que protege, garante e sustenta, o ritual exagera (como as procissões) e subverte (como o carnaval).

Foi de dentro deste universo arbitrário e certamente auto-referido que nasceu o esporte e a arte. Tais são atividades que, dizem os materialistas, o homem não precisa e nelas se aliena. Mas o fato é que sem arte, vinho e música — sem os esportes e os jogos — os homens não sobreviveriam. Pior que isso, não seriam verdadeiramente humanos. Pois o que nos distingue dos brutos é precisamente essa capacidade de poder praticar o que não é objetivo, nem produtivo ou muito menos necessário, como o jogo e o ritual.

Assim foi até o advento da modernidade que gradualmente transformou todas as atividades em tarefas racionais, desencantando-as. Até a religião, repleta de magia, virou um credo político e uma ideologia seca e desinteressante. Até a guerra passou a ser um jogo marcado pela alta tecnologia que assinala desde o início o vencedor. Tecnologia e racionalidade liquidaram o jogo e o ritual, transformando-os em esportes. Aquilo que vivia repleto de incertezas virou uma atividade controlada, baseada no cálculo e na produtividade. É o que ocorre no vôlei, no basquete, nos esportes olímpicos e, sobretudo, no futebol americano, modalidades esportivas nas quais é praticamente impossível que um time fraco vença um forte. Só o velho futebol-relação-associação — como essa Copa demonstra cabalmente — preservou esses elementos de incerteza que ressuscitam o apelo aos deuses, à reza e à magia.

O futebol, fazendo com que a bola corra mais que os homens, encanta novamente o mundo.

— 21 —

Numa competição tão apaixonante como uma Copa do Mundo, é interessante observar o papel das torcidas. Se a torcida é um elemento típico do modo mágico que continua associado ao futebol, ela por outro lado representa a sociedade do time que a engloba e representa. Neste sentido, vale anotar as imagens de si mesmo que o Brasil projeta nos meios de comunicação de massa, pois tais imagens são auto-representações reveladoras de nossa identidade como povo, sociedade e nação. Vendo-as, logo se atina com a recorrência de alguns temas, como se seus autores tivessem estudado as representações que os velhos livros e intérpretes da nossa sociedade — gente como Gilberto Freyre, Sérgio Buarque de Holanda, Thales de Azevedo, Jorge Amado e outros — já haviam apresentado e discutido.

O que se assiste, pois, é a um desfile de cenários que nos apresentam como alegres, festivos, amantes da comida (feijoada), da bebida leve e supostamente inteligente (cerveja), da boa vida como um povo permanentemente cercado por uma paisagem belíssima. Nessas peças, somos uma sociedade capaz de, como nenhuma outra, conjugar o lado cívico e moderno do mundo (representado pela bandeira nacional) com a dimensão cultural que nos revela como alegres e capazes de malandramente viver em cima daquela linha tênue que separa o certo do errado.

Dir-se-ia que tudo isso é invenção dos mestres da publicidade e dos velhos estudiosos do Brasil. Mas o fato é que tais imagens são profundas e apresentam um texto — um conjunto de normas pelas quais se pode ser (ou não ser) brasileiro. Pelo menos no que diz respeito aos modos de apreciar e viver o futebol. Isso é tão verdadeiro, que a nossa moderníssima e cosmopolita torcida nos Estados Unidos tende a se comportar de acordo com essas velhas imagens, ampliando-as e tornando-as reais.

Não é de admirar, portanto, que uma das figuras mais reveladoras do nosso comportamento seja a da sedução da autoridade. Prova isso a chamada "confraternização" do torcedor brasileiro com a autoridade, nas imagens inesquecíveis dos policiais americanos cercados de torcedores alegres e irreverentes que os abraçam (tocar o corpo de um policial é tabu para os americanos) e os envolvem com a bandeira do nosso país, fazendo-os gingar ao ritmo do nosso batuque. Confraternização ou um modo malandro de pôr, como fazemos aqui, a autoridade do nosso lado pela simpatia e pela velha sedução?

É que na América, os policiais não sabem que a bola corre mais que os homens...

— 22 —

Pois é, o time dos anõezinhos, o time do treinador teimoso e burro, o time que não tinha laterais, não tinha apoiadores, não fazia bem o jogo do meio-de-campo. O time que era nervoso, sofria de bobeira e era inexperiente, acabou de se classificar para as semifinais e está — quer se queira ou não — entre as quatro melhores equipes de futebol do mundo. Este não é um grande time, conforme revelou nesta grande vitória contra o time da Holanda. É muito mais que isso: é a seleção que bateu todos os favoritos dos entendidos, como a Colômbia, Camarões, Nigéria e México, esses times promovidos a campeões antes da disputa pelo nosso desejo de derrota e por uma proverbial falta de confiança em nós mesmos.

Nesta circunstância sinto pelo time brasileiro — escrete que me representa de chuteiras — um enorme orgulho e um imenso amor. Para mim já valeu o meu interesse, valeu a minha confiança. Como disse quando escrevi sobre a partida entre a nossa equipe e os Estados Unidos, esse time mostra que tem determinação e, mais que isso, mostra que tem caráter — vontade de ganhar. Desejo de ser campeão.

Que coisa maravilhosa para todos nós, brasileiros, essa belíssima vitória. Nós que estamos cansados de ser manchete de jornal aqui e lá fora pela polícia corrupta, incompetente e cruel, que mata presidiários e meninos de rua; pela nossa demoníaca inflação; pelos políticos traidores do povo, que roubam o nosso dinheiro e assaltam o erário público; pelos funcionários do Estado, que nos atendem mal e irresponsavelmente, não ligando a mínima para a nossa humanidade; por uma verdadeira quadrilha de empresários ladrões, que aumentam os preços na calada da noite e que não querem nem aceitam tratar o povo com o respeito cívico que este povo merece; por formadores de opinião, radialistas, jornalistas, professores, ensaístas e cronistas de revista e TV, que não gostam de nós e que, por isso mesmo, ainda pensam o Brasil como "raça inferior", como "gentinha" e como nação atrasada.

Mas graças a Deus temos a música popular, temos os artistas despojados e criativos que amam verdadeiramente nossa terra. E, claro está, temos o futebol que volta a ser vitorioso, apesar de tudo e apesar de todos!!! Hoje, a despeito de tudo, fazemos as manchetes como vitoriosos...

Rezei quando o Branco bateu aquele falta. Fui atendido. Estou em pleno e raro estado de graça, obviamente convencido que Deus existe realmente e que tudo vai dar certo. Mas melhor que tudo isso é que volto a sentir dentro do meu peito um enorme amor pelo Brasil! Hoje, graças ao futebol, estou convencido que o Brasil vai dar certo.

A bola realmente corre mais, muito mais que todos nós...

— 23 —

Se estamos fadados a correr atrás da bola, cada vez que assim fazemos produzimos momentos inesquecíveis. Nesta Copa, duas imagens vão ficar gravadas na minha memória e, talvez, nos anais do futebol. A primeira mostrará, no jogo do Brasil contra os Estados Unidos, o gesto insensato do lateral Leonardo derrubando com uma cotovelada o defensor Ramos. A segunda, também, foi igualmente fora do comum. Trata-se do belíssimo gol de Bebeto contra a Holanda comemorado com o seu gesto de embala-neném, tão brasileiro no modo de pôr os braços em paralelo, imitando um carinhoso e maternal berço. Se a jogada do gol, desde a decidida corrida para a área e o drible dado no goleiro, foram gestos viris — essa virilidade que marca o nosso futebol que, conforme falamos, é "coisa para homem" —, o gesto da comemoração foi inesperada e comoventemente maternal e feminino.

Deste modo, se a insensatez e a violência do nosso infeliz Leonardo marcou o pior momento da Copa — aquele em que um atleta se deixa contaminar pelo calor do egoísmo —, o gesto de Bebeto marcou para mim o mais belo momento do campeonato. Sobretudo pelo seu jeito brasileiro de projetar ao mundo aquilo que somos do modo mais singelo e definitivo.

De tal maneira que leio os dois gestos como as duas faces da mesma moeda que é o nosso Brasil. A ação de Leonardo conduz para a violência que temos dentro de nós. Violência que fala do nosso lado desumano e insensível representado não apenas no banditismo mais explícito, mas sobretudo no nosso modo de desrespeitar a lei no escuro da noite e com o beneplácito dos nossos amigos, naquilo que malandramente chamamos de malandragem.

Já o gesto de Bebeto revela o nosso lado humano e criativo. Lado que deseja juntar a nação representada pelo hino, pela bandeira e pelo seu aspecto moderno, com os valores mais profundos da casa e da família. Com isso, ao golear o adversário, o jogador dele não tripudiou, como seria do seu direito na disputa. Mas voltou ao calor do seu lar, oferecendo amorosamente o gol realizado ao seu filhinho recém-nascido. Com esse belo gesto, Bebeto — guiado pelas mãos generosas de nossa cultura — juntou a bandeira com a família, o pai com a mãe, o estranho com o parente. Ficamos todos mais solidários com o gesto de Bebeto.

A bola corre mais que os homens...

— 24 —

Um dos aspectos mais interessantes da Copa é a observação do modo pelo qual o futebol, um mesmo esporte-jogo, é praticado por países diferentes. Ou seja: como uma mesma atividade atlética, sujeita a um mesmo conjunto de regras, objetos e pessoas, é apropriada e digerida — é canibalizada como diriam os membros da Semana de Arte Moderna, se eles fossem aos estádios — por sociedades, mentalidades e culturas diversas, inclusive e principalmente pela cultura brasileira, no campo e fora dele.

De um certo ângulo, essas imagens de um mesmo jogo sendo posto em prática por meio de estilos diversos lembram o caso da música, quando uma mesma partitura musical ou canção é tocada ou cantada por artistas diferentes.

Um fato marcante que tem sido mencionado desde as primeiras análises do nosso futebol, feitas por Gilberto Freyre, ainda na década de 1930, é que o nosso estilo futebolístico é dionisíaco, ao passo que o estilo europeu é apolíneo. Para Freyre, portanto, o mesmo futebol era praticado por nós tendo como modelo Dionísio, o deus grego da alegria, do excesso e do vinho. Já na Europa, onde o esporte tinha surgido, o seu estilo era justo o oposto, já que possuía como patrono o deus grego do equilíbrio e do comedimento, Apolo.

Anos depois, tenho falado de um futebol brasileiro "carnavalesco", em contraste com futebóis muito mais atléticos, duros ou sérios. Não que o carnavalesco seja exclusivamente alegre. Não poderia ser sob pena de perder as partidas, pois o jogo requer treino, concentração e muito esforço. Por causa disso, o nosso carnavalesco tem um sentido mais profundo, indo além das exigências dos presunçosos. Quero me referir ao fato que o termo não se refere somente ao time que joga no estilo Garrincha, driblando todo mundo e fazendo a alegria do povo, mas do time que alterna seriedade com prazer de jogar o jogo pelo jogo, com isso mostrando que o trabalho e a obrigação podem ser tão gozosos quanto a festa. E mais: acenando com a possibilidade que o jogo e a festa são instrumentos de mudança de posição social e de perspectiva. Neste sentido, o nosso futebol aciona uma visão do mundo na qual o fraco vira forte, o oprimido torna-se expressivamente dominante e o socialmente inferior transforma-se em herói. Estão aí os nossos Pelés e Romários que não me deixam mentir.

Praticado no Brasil, então, o nosso futebol dionisíaco-carnavalesco permite a troca de lugar e a inversão do mundo. Inversão que, para nós, corresponde a acreditar, a gostar e a confiar no Brasil mais do que nos chamados "países adiantados", em Deus e nos santos.

Por ser carnavalesco o nosso futebol sabe que a bola corre mais que os homens.

— 25 —

No país do futebol, a Copa é a vida; o campo de futebol, o mundo; e o nosso escrete, como dizia Nelson Rodrigues, uma clara extensão projetiva de nós mesmos — de nossos defeitos e qualidades.

Agora que chegamos ao final de mais um campeonato mundial, nele conseguindo um lugar altamente honroso, pois mesmo perdendo a partida final, seremos os segundos do mundo, cabe fazer um balanço do que foi veiculado a partir do futebol.

Feita a avaliação, o que se viu e ouviu foi sobretudo uma enorme e bíblica exigência. Aquele brasileiro normalmente passivo e que não tem a coragem de reclamar de nada — porque, como ele mesmo diz: "não vale a pena"; ou porque "não gosta de criar caso" —, aquele funcionário público, vendedor, professor, engenheiro, advogado, médico e jornalista que na militância ou fora dela sempre foi um rematado pulha e um aproveitador de situações, um Maria-vai-com-as-outras em termos de opinião e de combatividade, muda de figura diante do selecionado nacional! Realmente, diante do nosso escrete, ele passa a ter uma exigência de prima-dona. E vira uma bicha-louca, rodando a baiana e exigindo tudo a tempo e a hora. Não demanda somente uma vitória cabal do seu time. Não! Quer a vitória, é claro, e uma vitória por goleada. E se isso ocorre, deseja um adversário forte e combativo, senão não valeu. Um empate é um crime, pois é tratado, com justa razão, como broxada e como meia derrota. Ademais, o passivo e acomodado torcedor, agora transformado em Paulo Francis pelo futebol, quer também assistir ao jogo sem sofrer e sentir as angústias que acompanham tudo o que tem valor. Convenhamos que assim é demais... Tal nível de exigência traduz o absurdo com que tratamos a nós mesmos. Mostra, sobretudo, uma grossa intolerância para com o Brasil. Como se tudo aqui tivesse que acontecer magicamente, sem esforço, trabalho ou angústia. Como se o país pudesse mudar com o concurso do seu povo, mas apenas com o trabalho do "time", e do "técnico" que na vida corresponde ao que ingenuamente esperamos de certos políticos e partidos, cujo destino seria o de salvar a pátria.

Que enorme e despropositada falta de paciência! Mas a Copa mostrou como um time vitorioso faz seu próprio caminho. Os entendidos, na sua estreiteza ideológica, continuam querendo ver Zico, Garrincha e Pelé em todos os jogos. Como se o mundo não tivesse mudado e como se o nosso escrete não tivesse a sua própria personalidade. Personalidade, aliás, inovadora e eu diria até revolucionária, que se exprime não pela presença do supercraque, mas pelo trabalho de equipe e do homem comum. Este é o selecionado que vai se consagrar como o time da igualdade e como o grupo que institucionalizou no futebol, uma rara e nobre cidadania.

Essa cidadania que sábia e humildemente reconhece que tanto no campo quanto na vida a bola corre mais que os homens.

— 26 —

Ganhamos a Copa! Somos, finalmente, quatro vezes campeões do mundo, uma façanha jamais realizada por nenhum outro país. Somos superfutebolistas e donos da bola. Calçamos de fato as chuteiras imortais. Se não inventamos as máquinas, os livros e as teorias que suecos, franceses, italianos, ingleses, alemães e americanos criaram, também não fizemos nenhuma guerra de conquista, nem fomos peças ativas de guerras mundiais, conquistas imperialistas e revoluções sangrentas. Há quem pense que isso seja um demérito. No entanto, é melhor assim, pois é esse, afinal, o nosso caminho.

Prefiro, pois, vencer no futebol aqueles nomes de máquinas, de armas, de vacinas e de guerras, do que pensar que o passaporte para o chamado "Primeiro Mundo" consiste numa imitação literal da história da Europa e dos Estados Unidos.

A conquista do Tetra me confirma o destino do Brasil como o país que consegue orquestrar como nenhum outro os elementos tradicionais que remetem as relações humanas como valor, com os traços modernos que apresentam a propriedade, e o dinheiro como tendo mais importância que os homens e os seus elos. O futebol me mostra que a crença num mundo encantado não exclui necessariamente a fé na racionalidade — no treino e na tática.

Esse campeonato me revela claramente que a vitória é dura e cansativa — é um "sufoco" e um "haja coração". Mas entre ver a vitória como dura e jogar para obtê-la há uma distância. Antigamente, tínhamos o hábito de negar a dificuldade. E no futebol, duas ou três gerações de jogadores excepcionais facilitaram tal perspectiva. Assim, na hora do jogo, buscávamos refúgio na ilha da fantasia das vitórias passadas e, o que é pior, usávamos essas conquistas contra nós mesmos, num gesto perverso de autopiedade e flagelação. Com isso, um passado idealizado esvaziava e tornava impotente o esforço de vitória presente. Ganhar ficava cada vez mais difícil, como se as outras vitórias tivessem sido mágicas ou fossem obtidas apenas pela presença de grandes futebolistas na nossa seleção.

Mas esse Tetra mostra que a vitória é antes de tudo a capacidade para reunir talento individual e vontade coletiva. É obra de garra e esforço. Mais: ele nos ensina que se pode ser campeão do mundo contando com o homem comum. Essa foi a Copa que se não desmistificamos o craque, pelo menos começamos a tirar das nossas costas o supercraque, o jogador idealizado, o velho rei preto de alma branca, cujo fantasma nos assombrava. Enterramos, graças a Deus, a crença infantil num inexistente "craque salvador" que podia tudo e (como certos políticos) prometia mudar magicamente o mundo, para confiar no trabalho e na glória do homem comum. Dos jogadores sem muito talento, mas com muita força; dos baixinhos que fazem gols; de um time que joga feio, mas arrebata o caneco. Essa foi a Copa que conquistamos coletivamente, graças à nossa confiança e ao nosso amor pelo Brasil.

A bola corre realmente mais que os homens, sejam reis ou pessoas comuns...

Copa do Mundo de 1998

Crônicas publicadas no *Jornal da Tarde*
entre 8 e 13 de julho

PRECE DA COPA

Minha Nossa Senhora das Dores, do Parto, de Nazaré, do Desterro e dos Aflitos; Almas do Purgatório, ajudai a nossa Seleção.

São Paulo, que sois sábio, pensai na importância sociológica que é vencer essa Copa do Mundo em Paris, cidade modelo de tudo que deveríamos ser.

Milagroso São Pedro, dono das chaves do Céu, santo das fogueiras e do humano paradoxo, defendei o nosso time porque sem a vitória no futebol o povo fica desanimado, vota errado e pode fazer as maiores cagadas.

Frustrado, impiedosamente roubado por muitas gerações de patrões, coronéis e políticos, o povo é o próprio futebol na sua ânsia de excelência e justiça. Na sua confirmação de que o desempenho vale mais do que a cor da pele, o nome de família e o cargo.

São Pedro, vós que sois a rocha porque reconhecestes a própria fraqueza, dai-nos esse Penta para que essa nossa miserável elite de letrados bunda-suja possa finalmente acreditar que o Brasil é mesmo grande e vale a pena.

Rogo, pois, aos Deuses do Olimpo, e a todos os anjos e santos, sobretudo ao poderoso São Jorge, "dessantificado" pelo Vaticano, mas sempre santo e vencedor do dragão da maldade: fazei-nos vencedores!

Dai-nos — ó potências sobrenaturais — o direito de reviver a emoção de ser CAMPEÃO DO MUNDO e donos da bola. Essa bola que nosso Senhor Jesus Cristo segura em sua mão direita. Aplainai ó Sagrado Coração de Jesus, meu infalível São José, vós que sois pai adotivo do Mestre, para que o nosso Brasil possa vencer essa Copa.

Fazei, meu milagroso Santo Antônio, com que a nossa vitória seja festejada pelo samba e não pela arrogância patriótica. Que a glória do Brasil seja a glória dos humildes, dos fracos e dos pobres.

Poderosos Orixás africanos; Espíritos de Luz; sobrenaturais de todas as tribos; vinde para o nosso lado, não se esqueçam dos vossos filhos que comem pouco, moram mal, não têm escola e sofrem todos os tipos de violência, mas amam de forma imaculada esses nossos jogadores uniformizados de verde e amarelo.

Fazei, Anjo Gabriel, com que os nossos jogadores superem a soberba e a inveja que precipitaram Lúcifer ao inferno.

Finalmente, minha pura e santíssima Nossa Senhora Aparecida, padroeira do Brasil, batei um papo cheio de jeito com Santa Joana D'Arc, fundadora e padroeira da França para que ela, desarmada contra nossas cores, nos faça pentacampeões do mundo. Quanto mais não seja, para lembrar a esses franceses ingratos, que só pensam em queijos, vinho e política, que os poderes mais altos estão acima dessas glórias mundanas. Joana D'Arc: protegei o Brasil, seja santa e isenta e, em nome de vossa amizade por Nossa Senhora Aparecida, dai-nos a vitória. Amém!

O NASCIMENTO DA BOLA

Na Paris que inventou o conceito de "civilização" — esse sinônimo de elegância, *savoir faire*, conhecimento mundano e cultura livresca —, a festa de abertura da Copa, o seu rito de inauguração, fez do seu centro a bola.

Vendo a cerimônia, observei que nenhum dos nossos "entendidos" em futebol — e olha que eles são legião — falou coisa com coisa a respeito do assunto.

Depois de minha oração pelo nosso time, prece que — torçam os dedos e continuem na corrente — parece ter funcionado, quero falar do ritual de abertura e da sua peça central: a bola.

Numa crônica genial, Nelson Rodrigues traduziu a ignorância de uma grã-fina em relação ao futebol, fazendo-a perguntar durante um concorrido Fla-Flu: Quem é a bola?

Parece piada essa associação de profunda ignorância futebolística às ricaças e às mulheres. E no entanto a pergunta toca no âmago da questão. Pois saber quem é a bola é a única pergunta a ser feita, se quisermos realmente entender o que é o esporte, diferenciando-o da economia, da política, da religião e de tudo o mais.

Pois se o centro da religião é Deus e o sagrado: aquilo que está fora do normal e da rotina; se o centro da política é o estabelecimento no poder de alguma pessoa ou grupo, se a questão da economia é o dinheiro, no esporte o que conta é a "bola" que representa, em sua plena, inocente e esférica irracionalidade, todas as dúvidas e esperanças.

Falar, pois, dos times e dos cartolas, das organizações e do dinheiro dos anunciantes é politicamente correto, mas não leva ao entendimento profundo de nenhum jogo de futebol, pois é ali, no jogo e com a bola, que o esporte cria a sua atração e o seu mistério.

Vejam bem: no rito inaugural a bola surge, como a *Vênus* de Botticelli, da corola iluminada de um buquê de flores. Eram várias bolas, talvez para intuir que cada jogo tem seu resultado e que a mesma bola, bela na sua infinita perfeição esférica, redonda como um seio ou uma bela bunda, traz resultados diversos.

Às vezes ela é dócil para o nosso lado, como foi o caso no jogo de ontem, em outras ocasiões, ela é dura e cruel como um tijolo.

Na cultura brasileira a bola tem muitos significados. Pode ser bola mesmo e pode ser "bolada": muito dinheiro. Pode ser também aquela olhadela esperta e sexual. Pode ainda ser aquilo que o policial e o político desonestos "levam" para realizar alguma desonestidade. E pode ser também uma deliciosa comida que, devorada com vontade e classe, conquista a vitória.

OS HÓSPEDES NÃO CONVIDADOS

No jogo com a Noruega tivemos três hóspedes não convidados responsáveis — ao lado, é claro, da atuação ruim da equipe — pela nossa derrota. O juiz do jogo, Mr. Esfandiar Baharmast; o sr. Egil Olsen, técnico da Noruega, que se revelou muito mais inteligente que Zagallo; e, finalmente, a morte de Leandro que, mesmo esperada e quase anunciada, ocorreu no mesmo espaço moral do jogo.

Cada qual tem sua parcela de responsabilidade em nossa derrota, porque juízes de futebol não podem ser atores, técnicos de futebol devem ter melhor tirocínio do que ocorre com seus times, e a morte anunciada pela televisão acaba produzindo desânimo naqueles que têm vidas semelhantes às do morto. Como jogar essa bola que fala da vida com a alma ligada na morte?

Por outro lado, como entregar-se ao jogo se a FIFA resolveu advertir os juízes, desestabilizando a sua forma rotineira de atuar?

O árbitro encarna no campo o *fair-play* e as regras que valem para todos. Sua missão é arrefecer os ânimos e dar continuidade ao espetáculo, num modo de atuar que obviamente depende de rotinas.

Mas o que acontece quando essa rotina é rompida e o juiz se vê obrigado a punir jogadas tidas como normais? Não tenho dúvida de que essa nova "obrigação" produz uma autoconsciência negativa em cima de um papel que, como as chuteiras e as balizas, deve permanecer no fundo da cena. Desestabilizado pela FIFA, Mr. Esfandiar realizou uma atuação autoconsciente compensatória, que acabou "fotografando" nossa seleção.

No caso de Olsen, a coisa é mais simples. O que ele fez foi ter maior consciência do que Zagallo e os comentaristas esportivos que o time tetracampeão mundial joga contra adversários e tem um inimigo permanente: a sua excelência e a sua glória futebolística. A camisa do Brasil apavora os outros, mas, em compensação, pesa como chumbo nos ombros de quem a veste. O Brasil tem que fazer e mostrar sempre mais, o que é uma pressão tremenda em cima da equipe.

Tendo boa consciência disso, Mr. Olsen plantou o seu time na defesa e viu o Brasil ficar cada vez mais exasperado com um gol que não aparecia. Foi essa tática inteligente que também contribuiu para a nossa derrota.

O mais é coisa dos deuses e do destino...

DIONÍSIO CONTRA APOLO

Escrevo na véspera do esperado Brasil e Dinamarca. Essa seleção "Dina-máquina" que derrotou espetacularmente a Nigéria por goleada.

Presumo, sem nenhum mérito especial ou brilho, que esse confronto vai novamente dramatizar o combate do "futebol-força" em contraste com o "futebol-arte". Trata-se do confronto de um futebol que Gilberto Freyre — invocando o deus grego da ambigüidade e do excesso — chamou de dionisíaco, o nosso; em luta com um estilo de jogar, no qual o carisma que leva às jogadas individuais dá lugar ao entrosamento automático e rotineiro da equipe, num jeito de jogo sistemático, previsível, racional e apolíneo: o deles.

No fundo, teremos uma reedição globalizada e televisada da velha luta do carnaval com a quaresma, ou do trabalho e da rotina, que definem, confirmam e esgotam o corpo, com a malandragem e a festa que surpreendem, desmancham e revigoram...

Por mais que a globalização tenha realizado a mediocrização e padronização das formas de jogar futebol, Brasil e Dinamarca vão certamente encarnar esses dois modos de uso do corpo. Duas "técnicas de corpo", como dizia o grande antropólogo francês Marcel Mauss, técnicas reveladoras dos modos pelas quais as sociedades se imprimem em nossos corpos, revelando-se no modo de andar, gesticular, sentar, correr, brigar e, claro está, jogar bola. Dois modos de leitura do mundo e da vida, para ser tão grandiloqüente quanto o espetáculo a que iremos assistir.

De fato, ingleses, dinamarqueses, noruegueses, holandeses e alemães correm e tocam a bola separando as pernas do resto do corpo, como se a parte de baixo pouco tivesse a ver com a parte de cima, daí certamente a antiga designação de "perna de pau" para esses jogadores. Já a turma do "sul" usa o corpo de modo radicalmente diverso. Italianos, mexicanos, chilenos, africanos, argentinos e brasileiros jogam bola usando todo o corpo. Como se o emprego das pernas envolvesse integralmente toda a pessoa, sobretudo os quadris, no nosso famoso, bonito e malandro "jogo de cintura".

O jogo Brasil e Dinamarca vai exprimir esse combate entre carisma e racionalidade, entre rotina e inspiração, entre habilidade pessoal e engrenagem coletiva. De um lado, o ideal da equipe-máquina, da qual o time húngaro de 1954 foi o modelo; do outro, o time de megacraques messiânicos e salvadores. Artistas do uso do corpo. Pessoas capazes da superjogada individual — típica do modelo imortalizado por Heleno de Freitas, Ademir, Zizinho, Garrinha e Pelé —, quando o megacraque dribla toda a defesa adversária, engana o goleiro, desmoralizando-o, cumprimenta calmamente a torcida e faz um gol de letra.

O LUGAR DAS MÃOS

Vivi oito Copas do Mundo e tenho suficiente experiência para afirmar que o jogo Brasil e Holanda foi uma prova de que vence não apenas o mais técnico, o mais motivado ou até mesmo o mais competente, mas aquele que tem, além de tudo isso, fé no próprio futebol.

Fé que subverte a rotina e faz surgir novos heróis. Fé que revela uma compreensão profunda da própria estrutura do futebol. Brasil e Holanda empataram na bola, mas o Brasil venceu porque, mais experiente e mostrando sua personalidade de campeão, foi capaz de se ligar à natureza do futebol como alguma coisa que tem seu próprio plano, espaço, razão. De fato, se o futebol é jogado pelos jogadores e pela platéia, ele também joga e se impõe aos dois.

Nesse Brasil e Holanda, o futebol manifestou-se primeiramente negando o valor da força física e da pura habilidade. Depois, negando o calvinismo racional dos holandeses e dando lugar especial à fé ibérica e salvacionista. Finalmente, invertendo a ordem das coisas pela transformação do goleiro — o nosso grande Taffarel — no seu evidente herói.

O goleiro é especial porque futebol — eis um óbvio ululante — é "pé na bola". É um esporte que paradoxalmente proíbe o uso das mãos. Essas mãos que abençoando, matando, escrevendo, cultivando e fabricando construíram o mundo.

Com isso, o futebol deixa para uma só posição — a do goleiro — o direito de atuar ao contrário. O papel é tão especial que debaixo dos seus pés não nasce grama e nas suas mãos se situa, como na virgindade das moças de família, a honra do time. Esse perigo e essa pureza configuram um papel ambíguo, fazendo com que os goleiros se assemelhem aos santos, aos bruxos, aos aleijados e aos estrangeiros. Jogando ao contrário, tendo a função passiva de simplesmente "pegar" a bola, sendo o guardião do lugar mais sagrado do campo, atuando cercado de "paus" (as famosas traves) e emoldurado por uma suave, mas potente, rede, os goleiros podem abençoar ou liquidar seus times. O destino da equipe está virtual e realmente em suas mãos divinas, enobrecidas, enluvadas.

No jogo Brasil e Holanda, o futebol mostrou o seu poder dramatizando, graças à regra da decisão por pênaltis, o papel do goleiro e do gol. Se converter é mais fácil do que defender pênaltis, o drama final de Brasil e Holanda pôs em foco mais um típico paradoxo futebolístico. A transformação do goleiro em jogador ativo, capaz de marcar pontos com as mãos justo quando faz precisamente a sua obrigação: defender — um ato normalmente passivo e reativo — o seu gol!

Por tudo isso, afirmo que, neste Brasil e Holanda, venceu quem se ligou na estrutura do futebol e entendeu que, para chegar à final, deve-se estar preparado para todas as surpresas. Inclusive a de fazer gols com as mãos, por intermédio dos goleiros.

Na semana passada falei dos gols de letra. Hoje, eu pergunto: o que está mais próximo disso do que um goleiro pegar dois pênaltis e depois rezar alto, agradecido, como fez o nosso santo Taffarel?

A MAGIA DA COPA: FINAL, A DERROTA

Logo no início da Copa do Mundo um amigo profundamente desgostoso com os juízes reclamava que o Brasil não deveria mais entrar nessas competições, exceto se fosse capaz de ditar as normas para a arbitragem e as suas condições. O Brasil, como o melhor do mundo, deveria abandonar esses campeonatos cujas normas e organização são definidas pelos outros.

Argumentei contra, tentando mostrar que, se pudéssemos prever o desenrolar das partidas, não haveria esporte. A previsão faz parte das rotinas diárias, mas não figura como algo central nos jogos em geral. Pois se as rotinas e, nelas o trabalho, são atividades baseadas, como mostra o destino da formiga e da cigarra, no controle do aleatório, o jogo tem como centro a competição e a disputa, o que faz com que seja constituído por processos de previsão impossível. Ademais, concluí, quem estaria interessado em assistir a um jogo cujo resultado já é conhecido, pois o Brasil, armado de gigantescas precauções, não correria o risco de perder?

Correr o risco da derrota é exatamente o que tipifica as competições em geral, e o esporte e o futebol em particular. No campo, entre as quatro linhas que definem o lugar do jogo, tudo aquilo que não fere as regras é possível. Foi o que se viu ontem quando uma súbita e inesperada somatização de Ronaldinho desequilibrou o time brasileiro e o conduziu a uma manifesta e definitiva derrota contra a França.

Poucas vezes na vida vi um selecionado brasileiro ser tão cabalmente derrotado, tão certeirissimamente abatido como neste jogo final contra a França. Em outras derrotas tivemos o adversário e o azar. Ontem, tivemos tudo contra nós. Era como se até o ar conspirasse contra o Brasil, dando peso em cada corrida, em cada passada, em cada toque de bola.

Se, como vimos bem neste Brasil e França, a vitória faz explodir e remete — como os fogos de artifício — para uma estética de orgasmos e de exaltação, onde tudo vai para fora; a derrota leva para a culpa e para o jogo forte das emoções implosivas, essas irmãs das grandes depressões e catatonias. Levando tudo para dentro e vivida como culpa, a derrota promove tempestuosos exercícios de diabolização de pessoas, grupos e instituições. A derrota de 1950 desencadeou comentários racistas. Esta, ao que tudo indica, tem a pinta de querer dividir a responsabilidade do fracasso endemoniando o capitalismo globalizado que faz com que cada seleção nacional tenha patrocinadores.

Sem querer tirar o direito de ninguém de falar o que bem quiser, lembro apenas que, se o futebol conduzisse sempre a arreganhadas vitórias, não seria esporte competitivo ou jogo. Dele seria extirpada essa paixão que nos mareja os olhos e esfrangalha os nervos, precisamente porque se pode ganhar ou, entremos de cabeça na experiência, perder.

Autor de uma "Prece da Copa", aproveito esse derradeiro artigo para informar que Santa Joana D'Arc, padroeira da França, ouviu e muito santamente atendeu os apelos de Nossa Senhora Aparecida, nossa sempre gloriosa madrinha no sentido de dar um jeitinho e não mover uma palha em favor da França.

Pois Joana D'Arc, como todo mundo, sabia que futebol se ganha no campo.

TREZE CRÔNICAS

O PAPEL DO FUTEBOL

Nas sociedades que melhor realizaram as promessas do capitalismo e do estilo de vida burguês, esse modo de existir fundado no indivíduo, no mercado e na idéia básica de propriedade privada, causa espanto o entusiasmo dos brasileiros pelas festividades ligadas ao corpo como o carnaval e, hoje em dia, a Copa do Mundo.

Andando ontem por uma Niterói e uma Rio de Janeiro suburbanas, onde estive no Banco do Brasil sofrendo, com centenas de outras pessoas, as agruras de ser usuário de uma instituição ligada ao Estado brasileiro, vi as ruas enfeitadas ou em processo de engalanamento pela Copa do Mundo e pela nossa Seleção.

E pensei: aqui a Copa do Mundo, esse ritual competitivo que ocorre de quatro em quatro anos, tem o mesmo papel do Natal em países como os Estados Unidos. Só que, na América, são as lojas, residências e ruas comerciais que se enfeitam na celebração natalina. E aqui, o povo emoldura suas casas e, significativamente, as ruas com imagens, cores, bandeiras e objetos alusivos à Copa do Mundo e, nela, ao glorioso futebol brasileiro. Essas ruas que normalmente são terra de ninguém, além de serem vias de violência e de agressão.

O ritual permite e requer a "fantasia": o enfeite que faz com que se tenha consciência de viver o momento fora do normal: o "extra-ordinário" que divide o dia-a-dia sem sal e o grande momento que faz toda a diferença.

No caso da Copa, enfeitamos as ruas com as cores verde e amarela e transformamos cada pedaço impessoal de uma cidade que não governamos e com a qual geralmente temos um laço de desconfiança e até mesmo de profunda indiferença, se não de descaso, num nicho no qual vamos pondo com o cuidado de um artista todo o nosso amor pelo Brasil e pela bandeira nacional. Ou melhor, pelo "selecionado brasileiro" que no momento nos representa e nos engloba na sua glória e na sua inigualável excelência.

A diferença é importante. Se falamos do Brasil como um todo, a reação poderia ser negativa ou envergonhada. O Brasil, nos ensinaram, é muito grande para caber no nosso pequeno e imerecido coração. Ademais, o Brasil, e isso também nos disseram, não deve ser muito admirado ou idolatrado. Fazer isso é uma espécie de ingênuo pecado capital para o segmento intelectual que nos diz o que pensar e ler. Para essa camada, pode-se admirar os Estados Unidos, deve-se admirar a França e a Inglaterra. Gostar abertamente do Brasil revela um mau gosto tão grande quanto usar na roupa o verde e o amarelo...

Mas quando amarramos as fitas do verde-amarelinho na antena do nosso carro, quando usamos a camisa da seleção, quando pintamos os muros que separam a nossa casa da dos vizinhos, fazendo a conexão essencial de todos com todos pelo desejo de ganhar, estamos focalizando a seleção de futebol. E com o time de futebol não deve haver nem medo nem vergonha de amar. Com ele o amor é o único elo e a única forma de associação. Porque o time é o Brasil vestido para o jogo, para a competição e para o confronto com os outros. Na fórmula nelson-rodriguiana clássica: o escrete nacional é a "pátria de chuteiras".

Exprime, pois, esse amor incondicional pelo Brasil enquanto futebol, esses muros desenhados, esses símbolos futebolísticos traçados com infinita paciência no asfalto negro e esburacado das ruas e avenidas, por onde passam mortais os veículos que são a prova do nosso progresso e constituem o nosso inferno urbano.

Ontem, vi gente de todo o tipo pintando com o capricho de um Miguel Angelo essas molduras da esperança ao lado e em frente de suas moradas. Curioso e paradoxal essa energia que nos faz solidários no futebol e nos separa no decorrer dos tempos normais de trabalho e política. Como se o futebol tivesse essa capacidade mágica de permitir a nossa autoleitura um tanto otimista e esperançosa, quando em todo o resto do ano nos faz desanimar e nos fechar num mais profundo pessimismo.

Tal como acontece no carnaval, revelamos nisso tudo uma notável capacidade organizadora e um desejo descomunal de transformar o espaço coletivo. Trata-se de iniciativas privadas, porque o lado político do governo — exatamente como acontece no carnaval — brinca escondido e revela uma boa e saudável distância dos jogos, provavelmente com medo do risco de perder.

O povo, no entanto, pinta inocentemente as casas e ruas, enfeitando a cidade, deixando seu coração ficar com a mesma forma do Brasil. Aquela forma que Lima Barreto um dia chamou de "jambon", de pernil apetitoso, comida dos maus administradores que são a nossa praga e que hoje se transforma num forte e nobre coração. Com isso, aprendemos como o jogo civiliza e ordena. Como a incerteza dos resultados desperta uma imensa fé no Brasil. Aquela fé que tanto faz falta no cotidiano duro e cruel das cidades.

[*Jornal da Tarde*, 9 de junho de 1998]

O ESPORTE COMO MILAGRE

A Copa do Mundo provoca muita coisa além da nossa esperança de vencer e da nossa paixão pelo time do Brasil. Para os grupos e segmentos modernos, politicamente corretos, vigilantes dos valores estabelecidos e presunçosamente cultos e sabidos, ela é um retrocesso dispensável. Uma ocasião promotora de alienação social quando o país pára e esquece os seus problemas centrais que nada teriam a ver com o futebol.

Confundindo, como sempre fazem, a atividade (o futebol) com sua capacidade expressiva — ou seja, com o que o esporte desperta em termos de sentimentos positivos —, essas pessoas esquecem que o futebol tem que ser lido não apenas em si mesmo, mas também como um meio para um fim maior e mais nobre.

Como atividade, o futebol não é nada. Trata-se, como dizia aquele italiano ignorante que vai ao Pacaembu pela primeira vez, de um bando de 22 malucos correndo atrás de uma bola... Mas nesse mesmo sentido niilista, o que seria "fazer política", senão bater-papo, roubar o erário e convencer os outros dos nossos pontos de vista? E o que seria a moeda, senão um pedaço de papel pintado?

Para ler o significado do esporte no mundo em que vivemos, é preciso uma certa sabedoria, uma certa sensibilidade para aquilo que faz as sociedades: os símbolos. Primeiro, temos que entender que não é o futebol, mas o que ele permite transportar que conta. Como um burro simbólico, o futebol é dotado de largas caçambas. Para uns seria a possibilidade de lucro e de altas vendas, para a maioria, seria a afirmação de que esse tal de "Brasil", que todo mundo assalta e não resolve, vale alguma coisa. Isso é muito profundo e muito sério.

O mundo burguês, centrado no dinheiro, no poder dos decretos, dos parlamentares, juízes e donos de empresas, leva muito a sério a si mesmo. Esquece que ele próprio é um modo de vida entre outros e, como tal, está sujeito ao erro de cálculo e de crítica. Isso para não falar das crises. Há mais entre o banco, o palácio do Planalto, o mundo rural dos sem-terra e a fábrica, do que pensa a nossa vã filosofia.

Um dos milagres do esporte é precisamente esse poder de tirar do centro a emerdação geral de uma civilização — a única deste planeta — fundada inteiramente no dinheiro e no mercado. No esporte, o sucesso absoluto dos capitães de indústria, dos mandões locais e nacionais, dos revolucionários rotineiros e de plantão, é relativizado. As pessoas e o que elas representam como mensagem — Fulano é craque, Sicrano é burro, Beltrano é campeão — perdem a garantia. Um time pode ter tudo para vencer, mas isso não assegura a vitória.

Tem que se meter na cabeça que, diferentemente da eleição, o futebol não se baliza com essas tolas pesquisas de opinião que provam o que se quer, pois dependem das perguntas. A pesquisa pode dar 100% para o time X ou Y. Mas todo mundo sabe — eis um dos milagres! — que o jogo se ganha no campo, naquela complicada e mágica batalha dos eventos que se transformam em estrutura quando há o ponto: o gol que estabelece um ganhador e um perdedor.

No esporte, portanto, de nada adianta o parlapatório das falsas promessas políticas ou o derrame de dinheiro; ou a propaganda. Aliás, o esporte é o limite da publicidade... Hitler e sua gangue prepararam uma Olimpíada, em 1936, com tudo o que o poder absoluto e totalitário dava direito: do racismo transformado em credo nacional às câmaras de cinema. E no entanto, na hora do pega-pra-capar, Jesse Owens, um negro retinto, teorizado como raça inferior, ganhou as provas mais nobres. Hitler deixou o estádio com a mesmíssima decepção que hoje atinge essa santa ignorância que é pensar que a Copa do Mundo aliena o povo brasileiro.

Alienar como, se a imensa paixão é pelo Brasil? Como alienar, se a densidade do elo torcedor-Brasil se faz justamente pelo fato do Brasil ser o que é: um país que só faz manchete internacional por suas vergonhas. A concentração imoral da renda, a destruição dos povos tribais e das florestas, o descaso pela infância, a ausência de justiça social no campo, a impunidade dos capitalistas e dos políticos, a velocidade alarmante com que as pessoas que ocupam cargos públicos enriquecem, a violência policial que faz com que todos prefiram entrar no inferno do que numa delegacia. Fosse o país uma Suíça em tamanho grande, a paixão seria por outras coisas. Mas é o fato de o Brasil ser o que é e ter o que tem tido que desperta tudo isso.

Ora, o milagre do esporte é precisamente essa transformação radical que faz o povo esquecer as injustiças e pensar apenas nesse Brasil que, na bola, é o melhor e o mais justo. Um dia, para terror dos mandões de plantão, veremos essa mesma paixão queimar também pelo nosso cotidiano injusto, violento e cruel.

[*Jornal da Tarde*, 16 de junho de 1998]

SETE MODOS DE TRANSAR A DERROTA

1. Dirigir a atenção para outro lado, amnesiando a perda. Fiz isso partindo para ler contos de Lygia Fagundes Telles, maravilhosa escritora que, em *Seminários dos ratos* (Rio: Editora Rocco), escreve histórias banhadas de um encanto sobre-real. Li, com afinco, o conto "As formigas". Nele, duas primas, estudantes de Direito e Medicina, alugam um quarto num casarão sombrio e vivem uma situação inusitada: têm que enfrentar um exército de formigas que só aparecem de madrugada, para montar com persistência os ossos de um anão — um esqueleto guardado num velho baú de ossos.

   Mas bastou meditar um pouco para descobrir um elemento típico da derrota: seu lado surpreendente e original, somente descoberto na hora triste quando a perda se configura como irremediável. A vitória é sempre esperada e anunciada, a derrota chega como a tempestade, o assalto e a doença fatal: repentinamente.
2. Voltar-se para a política. Acho que Fernando Henrique deveria fazer vários programas de entrevistas nos quais pudesse falar das realizações do seu governo. Mas ele precisa acentuar que o governo tem como objetivo o povo. Está na hora de falar menos de Brasil e mais de povo mesmo.
3. Abrir a mente para o momento nacional. O teste do PT será o programa de governo do Lula. Sem ele, ficamos como um time de futebol antes do jogo. Com ele, começamos a jogar de verdade.

4. Religar-se. Quando ouvi que Leandro tinha morrido, pressenti a derrota do Brasil. Se as imagens da morte me afetavam, imagino como pegaram os jogadores do time brasileiro que comungam com o cantor de uma mesma trajetória social. Ambos representando casos de ascensão social aguda e bem merecida. Telefonei a um amigo que me falou em "confusão astral". Com isso ele queria dizer que o "outro mundo" do Brasil ficou congestionado, turvo e contraditório. Tinha gente rezando para o Leandro e um outro tanto para a seleção brasileira. Os santos ficaram desconcentrados.

Para o leitor que não acredita em reza, sugiro traduzir "astral" por solidariedade coletiva ou moral. Com moral baixo (e/ou confusão astral) não se ganha nem jogo de botão.

Enfim, foi um dia muito triste: de um lado a derrota; do outro, a morte.

5. Aceitar os fatos, pois a estrutura da derrota é tremenda. Ela começa fazendo ter raiva do objeto de nossa admiração. O time que era o máximo vira uma merda. Os jogadores heróis transformam-se em vilões covardes e burros. A derrota, como o carnaval, põe as coisas de ponta-cabeça. Só que no carnaval tudo é riso e irreverência — a fantasia permite voltar atrás. A derrota, porém, é sisuda: nela não há retorno.

A derrota divide, a vitória une e engloba, criando uma estrutura e dando forma final aos eventos. Ademais, a vitória detona a generosidade: nela, mesmos os medíocres tornam-se formidáveis. Mas a derrota amesquinha, achata e esquizofreniza. Ela obriga ao estudo e à atribuição das responsabilidades. Com isso os fatos deixam de formar um padrão e se destacam. Ficam vagando em pedaços, como os restos de um naufrágio.

Foi como me senti ontem à noite, quando fui para a cama.

6. Relativizar a mídia. Os comentaristas de sucesso são os que mais se parecem conosco. Galvão Bueno é igualzinho a mim: sua bela voz empostada e sua dicção perfeita servem de veículo para todas as contradições que vão na alma do torcedor brasileiro. Galvão em transmissão não é um locutor, é um "cavalo", um receptor, das nossas emoções. Assim, na derrota, ele quer hoje o que condenou ontem; e, sem pejo, pede ao time um milagre. Felizmente, o futebol em particular (e o esporte em geral) é um domínio feito para ser uma zona estruturada pela contradição e pelos comentários humanamente absurdos e absurdamente humanos.

7. Ver a magia em tudo. Pela noite funda, com tudo desligado, meditei: que dia horrível. Duas perdas capitais: a de Leandro, o cantor caipira; e a da seleção. Como ordenar a derrota para uma Noruega invencível? Pensava que "Noruega" significasse apenas "caminho do norte", do frio e da neve. Espero que, nesse esquema cosmogeográfico, ela não simbolize o caminho do fim...

Em novembro irei à Noruega fazer conferências. A colega que me convidou mandou ontem um neutro e-mail que hoje eu relembro como uma mensagem franca e miseravelmente carregada de premonição.

De fato, após falar dos seminários que eu deveria realizar, ela se despediu com um civilizado: "que vença a melhor equipe". Eu, que sempre imaginei que essas fórmulas de polidez burguesas eram emocionalmente vazias, estou agora convencido que minha colega da Nor-way (do literal "caminho do Norte") talvez seja uma feiticeira e que rogava uma praga.

[*Jornal da Tarde*, 24 de junho de 1998]

A COPA COMO VIVÊNCIA

A vivência da Copa foi variadíssima. Cada qual tirou dela o que quis e o que pôde. A impressão trivial é que essa experiência foi toda balizada pela imprensa e pelos grandes patrocinadores que, satanizados, fizeram todas as cabeças. Sobretudo agora que estourou o chamado mal-estar de Ronaldinho, um dos mais patrocinados jogadores de todos os tempos.

Pois se a vitória nos leva ao delírio e ao mundo da lua, a derrota faz brotar uma enorme mesquinhez, capaz de alinhavar e de detonar as mais óbvias, mas ocultas, emoções negativas. E como hoje, segunda-feira, 13 de julho, todos amanhecemos convivendo com os limites e a frustração imposta pela derrota, estão aí as mais sábias admoestações dos entendidos de futebol que, evidentemente, já haviam intuído isso ou aquilo; que haviam previsto todos os erros.

Mas o fato claro — o óbvio mais do que ululante — é que esta Copa, como todas as outras, engendrou seus próprios espantos, pois como acontece nas competições desse tipo a Copa é construída por nós, mas ela igualmente nos constrói. De modo que a esperança, a confiança e o amor que nela depositamos retornam para os nossos sentimentos com igual velocidade e intensidade. Manipulamos o futebol apenas para sermos também manipulados pelo universo que ele engendra.

Na Copa, vivemos o mundo como encantamento. Curioso observar que cada passageiro que desembarcava em Paris era um torcedor expectante de milagres e eventos extraordinários. Pela primeira vez, eis um dado curioso e notável, Paris não recebia turistas basbaques, interessados em visitar a Torre Eiffel, em "ver" o Louvre, caminhar nos Champs Elysées ou ir ao Crazy Horse...

Agora, Paris não recebia turistas, mas torcedores de todos os feitios e calibres. Dos que infestaram as nossas folhas diárias, torcendo (crua ou sofisticadamente) contra o Brasil, doidos para o Brasil dar errado também no futebol, prova de que é mesmo errado em tudo... Passando pelos solidários (que andam em grupos, fantasiados), guerreiros e místicos, para os quais o futebol é apenas um pretexto para um porre, uma batucada, uma oração e uma boa briga; até os imbecilmente otimistas que choram quando vêem uma camisa amarela e têm no quarto um retrato do time nacional.

Pela primeira vez, Paris transformou-se numa Meca do esporte e deixou de ser a "cidade luz" dos realismos e sonhos burgueses, lugar onde se bebe absinto, toma-se um conhaque e pensa-se na dialética do outro, lendo um livro do brilhante e sempre chato Jean-Paul Sartre; ou do brilhante e sempre enviesado Foucault; ou do brilhante e muito confuso Bourdieu...

Na Copa, porém, nada de discutir esses assuntos banais de filosofia. O tema agora eram as leis dos eventos puros e das personalidades carismáticas dos grandes futebolistas, dos passes e dos acasos, coisa muito mais complicada porque, em conjunção com a religião, remetiam à feitiçaria, à fé e a outras coisas insondáveis do mesmo gênero. Agora brilhavam os teóricos do futebol, esses que definem como as coisas são, deveriam ser e como eles gostariam que fossem... E aí se o time do Brasil não se comportasse exatamente assim...

Porque — eis a segunda vivência — a Copa nos revela que cada jogo é um jogo. Tal como os amores, as pessoas e os momentos críticos, cada partida de futebol é única, exclusiva, irredutível e particularíssima. Eminentemente singular, embora — eis o milagre — construída e governada pelas mesmas regras, disputadas por equipes do mesmo tamanho etc. Tudo no plano externo é sempre igual e, no entanto, cada jogo ocorre apenas naquela hora e naquele minuto. Não adianta falar dos times individualmente, porque, em cada jogo, quando estabelecem uma nova relação, tudo muda. O todo (a chamada "partida de futebol") — aprendemos em cada Copa — não pode ser reduzido às suas partes. Assim sendo, é uma bobagem querer explicar cada jogo tomando como referência o time isoladamente e, no entanto, eis outro milagre, é o que sempre somos fadados a fazer, pois todos temos um time e é ele que nos serve de referência para os cálculos de derrota ou de vitória.

Ontem à noite, na quietude da minha cama, Celeste dormindo como um anjo do meu lado, eu revi todo o jogo França e Brasil. E cismei, antes de tentar dormir, nesse mistério de como o jogo de futebol tece em cada caso uma teia singular de eventos a partir de um conjunto de jogadas universais e recorrentes. Com e na derrota, eu estava me achando mais chato do que um Sartre.

[*Jornal da Tarde*, 13 de julho de 1998]

MEIO SÉCULO DE MARACANÃ E O HÓSPEDE NÃO CONVIDADO

Parece que foi ontem que, com meu pai, meus quatro irmãos e um amigo, fui a um Maracanã recém-inaugurado para assistir a Brasil e Iugoslávia. Foi há 50 anos e eu tinha exatos 13 anos de idade, mas como esquecer da bolsa com sanduíches de presunto e queijo, bem como as garrafas d'água que mamãe preparou e que papai exigiu que levássemos, porque, para ele, toda "comida de rua" era estragada e cara? Ou do povo que ia formando uma multidão no estádio? E, dentro dele, virava massa que uivava e rosnava com vida independente, tornando cada um de nós representantes minúsculos e, no entanto, igualmente importantes do "Brasil"?

Foi a primeira vez que vi o "Brasil" abstrato dos livros de história, dos heróis nacionais e de um hino cujas palavras a gente não entendia, vivo, ao alcance da mão, personificado em gente como eu, uniformizado e preparado para a luta contra um estrangeiro.

Engolidos pelo poderoso estádio, vimos o Brasil vencer de 2 a 0 um time de iugoslavos brancarrões, de camisas vermelhas, em meio aos insultos da torcida que queria tanto ou mais do que os 4 a 0 marcados contra o México na partida inaugural daquela Copa de 50.

Posteriormente, pelo rádio, testemunhamos as avassaladoras vitórias de 7 a 1 contra a Suécia e, na semifinal, de 6 a 1 contra a Espanha. Espanha que havia empatado com o Uruguai antes daquela derradeira e mortal partida contra o Brasil. Não assumirei aqui o eixo cósmico-filosófico que, com tinturas de tragédia, transformou a derrota de 50 numa espécie de símbolo de nosso pendor para o suicídio cultural e da nossa confusão sem precedentes entre a crítica e a autoflagelação.

Talvez seja hora de colocar o futebol no seu devido lugar, lendo-o em comparação com outras conquistas brasileiras em outras áreas, inclusive o da estabilidade financeira e da transformação do seu sistema moral — o que não é pouco.

Por causa disso acho mais importante lembrar a derrota de 50 convocando um hóspede não convidado que os cronistas de plantão deixaram de lado ao relembrarem esse glorioso meio século de Maracanã.

Quero me referir ao fato de que naquela Copa do Mundo jogava-se também contra (ou a favor) de um todo-poderoso racismo dependurado nas costas. Um racismo que se manifestava na convicção nacional de que formávamos uma "raça inferior" porque éramos uma população mestiça e mulata. Adotando os países europeus "brancos" como modelo, tomava-se a heterogeneidade física como negativa.

E como o embate esportivo remetia invariavelmente a temas como esforço, resistência, tenacidade e coragem, os debates e as conversas tinham como subtexto ou tema a questão da capacidade de enfrentamento do time brasileiro, um grupo que, afinal de contas, representava uma coletividade que se via como "racialmente" inferior. Tanto que nós até hoje usamos o termo "raça" para definir tudo o que se refere, em campo, piscina ou quadra, a esses valores ligados à dimensão física que permeiam as modalidades esportivas. Um time vencedor, determinado, concentrado e fisicamente bem preparado, é uma equipe cheia de "raça". Ter ou não ter "raça" significa essa presença (ou ausência) de determinação e também de unidade. Uma unidade biológica que a antropologia moderna liquidou com a idéia de cultura.

Se levarmos em conta esse racismo nacional, a grande surpresa de 50 — o seu hóspede não convidado — não foi a derrota contra o Uruguai no jogo final, mas o conjunto de vitórias estrondosas de um time de negros e mulatos que dava de seis e de sete nos brancalhões azedos, dando-nos pela primeira vez uma sensação subliminar de que, afinal de contas, não era de todo mal ter tanto asfalto no sangue.

Em outras palavras, nosso verdadeiro inimigo na Copa de 50 não foi o Uruguai, mas um racismo arraigado que crucificou os jogadores da defesa — quase todos negros — e nos obrigou a uma autoleitura como inferiores biológicos. Tanto quanto, em 1960, determinava (agora por meio do código economicista) que éramos irremediavelmente "subdesenvolvidos".

[*Jornal da Tarde*, 6 de julho de 2000]

FUTEBOL & AMARGURA

O rosário de derrotas do selecionado brasileiro dissipa dúvidas. Não se trata de mudar o técnico nem de substituir jogadores. É preciso fazer o mais difícil: mudar de mentalidade.

Antigamente, inocentes, paroquianos e patrimonialistas, tínhamos o padre Cícero no Céu e o selecionado brasileiro na terra, ao lado de alguns poucos salvadores da pátria — gente que falava em plano qüinqüenal e Sudene — para nos dar o alento divino e profano. Agora, globalizados e liberais, não podemos contar nem com o futebol. A sensação é de que tudo vai por água abaixo.

Será verdade?

Temo que, no meio de tantas mudanças, falte-nos o principal. Refiro-me ao sentimento — à consciência de que estamos mudando. O dado simbólico básico para efetivamente mudar por dentro e por fora, exercitando aquele equilíbrio salutar entre a transformação como processo que tem suas dimensões imprevistas, mas que é algo paradoxalmente previsto como um projeto coletivamente desejado.

O futebol é emblemático desse descompasso entre o empírico, a tal "realidade verdadeira", e as suas percepções e representações. Todos sabem como o esporte mudou e como há nele uma enorme influência brasileira. Raro o time grande da Europa que não conte com futebolistas brasileiros e se beneficie de um intenso e rotineiro processo de difusão de técnicas e expressões inovadoras que fecundam e se somam aos "futebóis" ali jogados. Numa era de comunicação global e de massa, onde jogadores de futebol, tal como os profissionais de outras áreas, atuam em outros países, não existe mais a surpresa do craque local que dá um baile nos gringos brancalhões e de pernas de pau, como ocorria com Pelé e Garrincha, numa cena consagradora do futebol do Brasil. Depois de ganharmos quatro campeonatos mundiais de futebol e de termos faturado milhões de dólares com o esporte mais popular do planeta, fica muito difícil continuar mantendo e usando a imagem de um time do brasileiro fraquinho, negrinho e pobrezinho.

Quando eu era menino, cansei de ouvir que o nosso jogador era um bobalhão ignorante, sujeito às manipulações dos cartolas. Pode-se hoje, depois de tanta mexida legislativa e de tanto sucesso mercadológico, de tanto jogador cosmopolita e poliglota, milionário e dono de marca, que faz dinheiro até quando dorme, repetir o mesmo refrão antigo que traía uma inferioridade estrutural?

O incrível sucesso mundial do futebol, um processo no qual o Brasil contribuiu decisivamente, reflete-se inevitavelmente entre nós. Reconsiderem, tomando um analgésico, a vitória sobre o time de Honduras. O que não conseguimos ler no episódio é precisamente aquilo que levou o futebol a ser adotado por todos os países marginalizados de todo mundo: o velho e maravilhoso drama da vitória do fraco, do pequeno, do aprendiz, do novo, do preto e do pobre contra o forte, o grande, o mestre, o velho, o branco e o ricaço!

Nossa consciência subdesenvolvida, afinada com a fracassomania e louca por catástrofes, não consegue enxergar que hoje somos ainda mais criativos e fortes do que eram as seleções da Inglaterra, da Alemanha, da Itália, da Irlanda, da Polônia, da França e outros países. A nossa visão apequenada de nós mesmos impede a percepção do nosso futebol a partir daquilo que o esporte efetivamente proporciona em termos de excelência e de recursos. Há uma óbvia desproporção entre a nossa excelência futebolística e o gerenciamento para a crise que ela mesma tem engendrado.

O maior problema do futebol brasileiro é hoje a dissonância entre seu progresso técnico, revelado e testado no campo, e o seu primitivismo gerencial. O que temos hoje é a contradição entre o clientelismo que governa os dirigentes e o mercado comandado pelos times, com o seu desempenho e a sua competência. Essa competência que transformou o humilde e ignaro jogador num empresário que, ganhando em dólares, sabe quanto vale sua canela.

O que vemos hoje de coração na mão é a face cruel do sucesso que nos deu a afinidade com a bola, mas não nos deu a capacidade de gerenciar com o signo do desempenho os frutos de nossa excelência futebolística. O futebol brasileiro é hoje o retrato mais amargo de um país que, mais uma vez, demonstra não saber organizar seu talento, sua riqueza e, acima de tudo, sua percepção de si mesmo.

[*O Estado de S. Paulo*, 29 de julho de 2001]

SÍMBOLOS DO BRASIL

Os símbolos são muito falados e pouco definidos. Um símbolo é algo que, por analogia, representa, substitui ou toma o lugar de uma outra coisa. O símbolo da paz é uma pomba branca; o da indolência, uma rede; o da bebida, uma garrafa de pinga. O do Brasil — no atual momento — a seleção brasileira e, com ela, o ouro, o verde e o azul de sua bandeira.

É incrível que uma representação simbólica positiva do Brasil por meio dos seus símbolos nacionais e cívicos, como a bandeira, o hino e as cores, tenha vindo do futebol — esse produto importado, esse item que chegou do estrangeiro e de uma nação sede do último império colonial da era moderna. Do mesmo modo que o futebol foi roubado dos ingleses, esse mesmo esporte tem ajudado o povo a surrupiar os símbolos nacionais mais potentes e englobadores dos poderes públicos, muito especialmente das Forças Armadas e dos populistas de todos os matizes.

É claro que o Brasil era simbolizado pelo samba, pelo carnaval, pelo jogo do bicho, pela comida e por valores da casa e da família como a hospitalidade e a amizade. Mas é preciso acentuar que esses veículos de representação excluem e de certo modo se formam ao redor e até mesmo contra o Estado nacional e suas leis e instituições. Assim, enquanto a família e as amizades seriam só nossas as instituições nacionais seriam (e serviriam) para todos.

O fato é que, antes mesmo do reconhecimento pleno da nossa excelência futebolística, estávamos severamente divididos. Ou éramos lidos pelos símbolos cívicos que a modernidade e o nacionalismo tomam como modelos exclusivos de tudo o que é o mais sagrado neste plano: o hino, o voto livre e universal, a bandeira, as estatísticas de distribuição de renda, educação, saúde e segurança, para não falar da moeda — essas coisas que nos deixavam com um gosto amargo na boca e diziam que não prestávamos; ou éramos simbolizados pelas coisas da vida e do coração: a sensualidade, as comidas e a música, a praia e o sol, a natureza exuberante e as virtudes cardiais, como amizade, alegria, cordialidade, lealdade pessoal e hospitalidade — que também glorificavam nosso estilo de vida.

Entre esses pólos que, de um lado, falavam de aspectos positivos, aprendidos em casa e na família — em plena intimidade; e, do outro, remetiam a coisas legais, mas negativas, escritas em linguagem rebuscada, fabricadas no mundo público da "rua" e da política, havia um enorme campo de futebol. Um abismo sistematicamente definido como ausência de amor-próprio, patriotismo e auto-estima. O tal "narcisismo às avessas" de Nelson Rodrigues ou o "subdesenvolvimentismo" de um Celso Furtado e de uma certa esquerda. Conceitos ou categorias-chave de uma leitura monolítica, ainda que reveladora, do Brasil.

O futebol do Brasil mudou essas auto-representações dualísticas e maniqueístas. Com o futebol, esse artigo, reitero, identificado com o colonizador branco, poderoso e "civilizado", pudemos ensaiar o abandono da velha esquizofrenia que obrigava a ler o Brasil simbolizado como Estado nacional como péssimo e o Brasil simbolizado como sociedade e cultura como maravilhoso, deixando para o governo e para os salvadores da pátria o trabalho de juntar esse estilo paradoxal e dilacerante de representação coletiva.

Foi o futebol que juntou hino e povo, que consorciou camisa e bandeira, que popularizou a idéia de pátria e de nação como algo ao alcance do homem comum e não apenas do "doutor" e do mandão. Os campeonatos mundiais que conquistamos obrigaram a juntar civismo burguês e carnaval; jogo e crença religiosa oficial; magia e igreja; investimento capitalista e amor pelo Brasil. Podíamos odiar a pátria comandada pelos militares e desdenhar a incompetência dos políticos que levavam o país a ser devorado pelo "dragão inflacionário", mas não havia como ficar indiferente a essa bandeira verd'amarela quando ela se transmudava em camisa da seleção de futebol e era envergada por pessoas cuja excelência era claramente medida num campo aberto, obedecendo a normas simples, conhecidas por todos.

Em todo o grupo de nações que escapam e destoam do padrão de desenvolvimento modelado pelo Ocidente, tem sido o futebol o promotor dessa notável aproximação entre os símbolos da sociedade (e da cultura) e os do Estado nacional. Ele tem sido o veículo de uma positiva transposição amorosa das comidas, da natureza, da malandragem, dos laços de família e de todas essas coisas que só eram faladas em casa, para o Estado nacional que tem que ter moeda, polícia, escolas, fábricas, civismo e bandeira nacional.

Muito antes, portanto, da redescoberta da democracia e da estabilidade monetária, essa prova concreta de igualdade, o futebol já exorcizava a nossa autoflagelação, transformando-a numa deslavada e necessária admiração por nós mesmos. Esse amor que grita "gooool" e nos obriga a enxergar o quanto valemos a pena.

[*O Estado de S. Paulo*, 8 de junho de 2002]

TORCER

No Brasil, "assistimos missa", "vemos filme", participamos de comícios e "ouvimos aula". Mas quando se trata de futebol e de seleção, torcemos. Entramos, no mínimo, em desespero — "haja coração", como traduziu o Galvão Bueno interpretando com felicidade o que vai na nossa alma; e, no máximo, consideramos seriamente — como um último recurso e esgotadas todas as velas para as nossas mais de 600 Nossas Senhoras e infinitos santos protetores — fazer um pacto com o Demo para o Brasil vencer.

Entre o mínimo que gela nossas mãos e trivializa os expletivos de baixo calão e o máximo que nos leva a rezar (eis que somos ateus convictos e não clamávamos coisa alguma aos donos do Outro Mundo há quatro anos!), com todas as forças do nosso coração, situa-se esse campo curioso e pouco falado do "torcer".

Esse torcer que, em bom e casto português dicionarizado pelo Aurélio tem tantos significados reveladores, como: obrigar a se volver sobre si mesmo ou em espiral; dobrar, vergar, entortar, deslocar, desarticular, desconjuntar; alterar, desvirtuar, distorcer, corromper, perverter (uma pessoa pode torcer uma história ou os fatos de um caso; outra pode ter sua moralidade ou sexualidade "torcida"); adulterar, fazer mudar de rumo ou de tenção, desviar (ou posso torcer para a direita naquela curva ou caminho); fazer ceder, sujeitar, vender, encurvar, encaracolar, levar, induzir, desviar, acompanhar a ação de outrem por simpatia e desejo de que ele (ou ela) se saiam bem; e, finalmente, incentivar os jogadores de um clube esportivo gritando, gesticulando etc.

O torcer é uma medida da nossa relação com o futebol e, no contexto de uma Copa do Mundo, com um Brasil real. Um Brasil concretizado em time, personalizado em emblemas, uniformizado e calçado de chuteiras como bem viu Nelson Rodrigues. Um Brasil cujos motivos e objetivos são finalmente entendidos por todos. Melhor ainda: um Brasil que nos ouve e por nós pode ser influenciado.

Quando se trata de outros times, existe a distância que permite admirar, criticar ou aplaudir civilizadamente as boas jogadas. Quando, porém, é "o Brasil" que joga, não se pode permanecer indiferente. Há que se tomar partido e, evidentemente, torcer.

O verbo ultrapassa a mera ação intelectual, cognitiva ou estética, expressa no admirar e no assistir, para promover um laço totalizante. Eu admiro com os olhos e vejo com a mente mas, para torcer, sou obrigado a usar meu corpo: minhas mãos, meus braços, minhas pernas, minha boca e todo o meu corpo que pula, abraça, soca e grita na dor da derrota, no espasmo impotente do empate ou na explosão gloriosa e feliz da vitória.

É esse investimento absoluto e envolvente que faz do "torcer" um autêntico "brasileirismo" (no melhor sentido de Gilberto Freyre) e um belo exemplo daquilo que Marcel Mauss descobria como "fato social total", isto é, como um evento social caracterizado por ser capaz de mobilizar simultaneamente, na sua invocação, menção ou aplicação, dimensões religiosas, econômicas, políticas, morais, estéticas e ideológicas.

O torcedor se distingue do "fã" (a palavra vem de fanático, o que tem um zelo religioso ou político absoluto e exclusivo) porque ele vai além da admiração pelo time. O "fã" se identifica com um time; mas o torcedor fica com e pelo seu time, misturando-se fisicamente aos seus jogadores, símbolos, gestos e trajetória. O fã dedica-se a uma apreciação setorizada e sempre positiva. Já o torcedor, ao "torcer" pelo seu time, torce imediatamente contra o outro.

O verbo torcer tem muitas camadas e dimensões. No mero plano do lazer e da mídia, ele indica simpatia e empatia. Mas no plano profundo do englobamento pelo time, ele exprime uma associação profunda, uma identidade absoluta e indiscutível. O sujeito pode trocar de mulher, partido político e, hoje em dia, de sexo, mas não se troca de time. "Uma vez Flamengo, sempre Flamengo/ Flamengo sempre eu hei de ser", diz exemplarmente um hino modelar que não me deixa mentir. Morre-se pelo time e pela pátria. Daí a força simbólica desse time nacional, dessa "pátria de chuteiras".

Tal identificação explica a torcida como o décimo segundo jogador e como um crítico onipotente que sabe tanto que inibe vitórias pelas suas exigências absurdas e fantasiosas. O fã aplaude na vitória e na derrota — trata-se, afinal, de esporte e de futebol. Mas o torcedor não pode aceitar a derrota e exige vitórias não só definitivas, mas também esmagadoras e totais. Para o fã o que conta é sair da rotina, para o torcedor, porém, o jogo da seleção é um caso de honra e de brio nacional. Uma Copa do Mundo para nós, brasileiros, não é apenas um torneio onde há dinheiro e manipulação marqueteira. É também um campo no qual o país vai decidir seu destino e reafirmar sua vocação para o fracasso ou para a glória.

[*O Estado de S. Paulo*, 9 de junho de 2002]

A ORDEM MUNDIAL DA COPA

Fiz uma reforma geral na minha biblioteca que hoje, graças à idade e a algum reconhecimento, tem muitos livros a despeito de minha falta de pendor para a bibliofilia ou para a erudição. Mas o fato é que o amor pelos livros transformou a necessidade de trocá-los de lugar num pesadelo.

Classificar é difícil, conforme sabia Aristóteles, Santo Tomás e todos os sistemas sociais que admitem tudo, menos a desordem. Por menor e mais insignificante que seja a coleção, colocá-la em ordem exige um claro discernimento de critérios e eixos de contraste. Conjuntos de tampinhas de cerveja, fotos de artistas de cinema, selos, garrafas de bebidas, cartões-postais, discos, gravatas, relógios, quadros e, quando se é muito rico, dinheiro, jóias, automóveis, e, no meu caso, livros, devem ser guardados a partir de certos critérios de ordem estabelecidos pelo colecionador.

Devo ordenar meus livros por assuntos ou autores? Devo guardar meus discos por ordem de preferência ou por gêneros musicais? As coisas devem se classificar por tamanho, pelos materiais com que foram feitos ou lugar de origem?

Todos os colecionadores conhecem uma dolorosa verdade: a mudança de um critério leva a uma reordenação completa e irremediável da coleção. Assim é com os livros, daí o gigantesco trabalho que estou tendo nestes dias que antecedem a Copa do Mundo para reunir meus livros em suas novas estantes.

Tenho passado muitas horas limpando e achando lugar para cada um desses volumes que têm sido o ganha-pão, a medida e, até certo ponto, a minha razão de viver.

Se ordenar objetos (que não falam ou reclamam) é complicado, imagine a classificação de países, agora vestidos e simbolizados como times de futebol num campeonato baseado no critério mortal da eliminação, e você terá uma boa idéia da dramaticidade de uma Copa do Mundo.

Nela, entre outras coisas, pratica-se um insolente reordenamento de nações e sociedades. Levando o pacto básico dos campeonatos esportivos às suas últimas conseqüências, a Copa envolve mais do que clubes, promovendo a disputa entre países, o que faz com que o torneio se assemelhe a uma guerra mundial. Fácil, pois, condensar simbolicamente em cada Estado nacional reduzido a uma equipe todos os vícios e virtudes de tudo o que é visto como representativo daquela coletividade.

Para nós, brasileiros, cuja auto-representação sempre foi marcada por uma brutal ausência de auto-estima e por um autojulgamento não só crítico, mas, sobretudo, flagelador e até mesmo amargamente fundado na auto-rejeição, a Copa é um momento de teste. Uma ocasião na qual vamos mais uma vez verificar o rendimento de nossas virtudes e defeitos. Essas qualidades e deficiências que, pelo menos no campo do futebol, nos levaram a uma iniludível, indiscutível e invejável excelência mundial.

Trata-se de uma bela viagem que começa nos anos 30 culminando, em 1950, com uma frustração paradoxalmente reveladora de todas as nossas possibilidades. Pois a partir desse ano, o futebol brasileiro virou uma usina capaz de promover tanto os mais terríveis enganos e roubalheiras quanto o mais puro e legítimo sentimento de patriotismo — esse lado pouco falado, mas fundamental do nacionalismo. Esse pertencer que, como dizia o filósofo alemão fundador do romantismo, Herder, é mais importante do que as necessidades biológicas porque é ele quem as determina e as torna significativas.

Vejam, pois, o milagre que a densa sociabilidade do esporte e a Copa do Mundo faculta. Primeiro, uma radical reclassificação dos sentimentos internos. O pessimismo e a recorrente leitura de que nada conseguimos e fizemos, ao longo de nossa história, cedem lugar a um otimismo engendrado por uma narrativa de excelência que nem sempre gostamos de admitir.

Ao lado disso, tudo muda radicalmente no plano internacional. Pois as nações que servem de modelos civilizatórios, os países ricos e poderosos que nos exploram e imperializam igualam-se ou tornam-se inferiores a nós por meio desse futebol que nos amarra, como a força da gravidade, à terra da qual nascemos e que, um dia, nos receberá novamente.

A grande França e uma Argentina que se lê como estrangeira sucumbem ou penam sob o peso do futebol africano. No jogo com os pés, existem muitas probabilidades e incertezas. Todos sabem que não se pode ser campeão para sempre. Mas o que dá gosto de ver é uma potência mundial perder para um país pequeno ou flagelado pelo narcisismo às avessas, como o Brasil. Aí é que descobrimos por que amamos tanto esse jogo que nivela todas as diferenças e, especialmente, pretensas superioridades.

[*O Estado de S. Paulo*, 22 de junho de 2002]

O FUTEBOL E SUAS MOLDURAS

Dizia o sociólogo americano Erving Goffman que a moldura era o ponto central da vida social. Uma pessoa vê um sujeito atirando numa mulher. Apavorada, ela suspende seu trajeto ordinário e pergunta por quê? Quem são? Como ocorreu a tragédia? Se a polícia chega, trata-se de um acontecimento "real" que a devolverá transtornada e transformada às suas rotinas. Mas, se alguém lhe disser que o que viu é parte de um filme, ela segue seu caminho, intrigada, se tanto, com a capacidade que temos de nos enganar uns aos outros.

O "real" é uma moldura; a "ficção", outra. O sonho, a fantasia, o delírio, a loucura, a paixão, a fraternidade são outros tantos enquadramentos pelos quais discernimos e ordenamos o que ocorre em nossa volta que pode ou não ser "real".

O "esporte", como bem ilustra essa Copa do Mundo, é uma dessas molduras com a força de ordenar, se não o mundo, pelo menos o Brasil em 2002. No seu "campo", abre-se um parêntese na vida social. E o segredo dessa trégua é apartar um conjunto significativo da vida social, pois em qualquer atividade esportiva separam-se como especiais àquele "jogo" objetos, gestos, atitudes, sentimentos, normas, corpos, disponibilidades, cargos, organizações, espaços e temporalidades.

Assim é que temos esportes nos quais o tempo (esse tempo que não perdoa e sempre passa) conta e não conta; bem como práticas individuais e coletivas. Comum a toda essa esfera, porém, existe um conjunto de espaços — arenas, ringues, pistas, campos, estádios, piscinas, praças, quadras — que emolduram, acentuando e pondo à parte, essas atividades nas quais se despende um ciclópico esforço físico que, no entanto, não pode ser lido como "trabalho", mas como "desempenho", talento, demonstração de força, coragem, brio, valentia, virtuosismo e, nas Olimpíadas e Copas do Mundo, patriotismo.

Numa piscina, numa quadra de tênis, numa pista de corrida e num campo de futebol, ninguém trabalha porque, em princípio, ninguém compete (ou assiste uma competição) para outrem, mas para si mesmo. Parido por uma sociedade que tinha no trabalho sua razão de ser, o esporte situa-se na área reservada ao lazer, ao festejo, à celebração e ao descanso. Lugar social no qual as pessoas escolhem e podem dispor do seu tempo e de suas habilidades em função de si próprias para que pudessem — claro está! — voltar mais bem-dispostas ao trabalho no dia seguinte. Não há, na sociedade moderna, lazer ou feriado sem a noção de escolha individual e de ausência de obrigatoriedade. Daí a diferença entre o campo do esporte e o das festividades religiosas ou cívicas, cujo caráter é obrigatório.

O charme, o *it*, o *glamour*, o carisma do chamado "ídolo esportivo" decorrem dessa sua posição num campo situado como festivo e ocioso que, com o advento da especialização e do profissionalismo, passou a ser "obrigação" e "trabalho". Ambigüidade tanto mais marcante quanto mais se exige que o seu praticante exerça sua função com zelo, dedicação, virtuosismo e, no caso das Olimpíadas e Copas, acendrado amor à pátria.

Se nas sociedades arcaicas esse distanciamento e essa separação do mundo criavam o campo do religioso e do sagrado; nos sistemas modernos, esse pôr à parte típico da magia retorna pelo esporte. Daí a sacralidade de seus espaços, emblemas, gestos e ídolos. Pois, excetuando a guerra e certos rituais (dos quais o carnaval é o exemplo mais significativo), nada é mais claramente construído por oposição às normas e valores que governam o cotidiano do que o esporte.

Primeiro porque ele suspende o trabalho como castigo e vocação. Depois porque coloca de quarentena os tabus diários relativos ao corpo e aos poderes constituídos. Num campo de basquete ou de futebol todos têm que jogar com gosto. Não há como fazer corpo mole e não ser agenciado por sua equipe e torcida. Fica-se horas sem beber, comer ou fumar; a dor física passa a ser rotineira — coisa extraordinária num mundo fundado no hedonismo e no bem-estar individual. Invertem-se hábitos milenares: joga-se com os pés, interditando-se a mão, esse instrumento primordial de racionalidade, análise e precisão. Fecham-se espaços dentro de espaços, definindo-os como tabus, como ocorre com a "grande área" e o "gol" no futebol. Esse gol emoldurado por uma diáfana e freudiana rede que os locutores esportivos do Brasil chamam de "véu da noiva". Arregimentam-se cidadãos supostamente livres, iguais e autônomos, suprimindo suas vontades, fazendo com que tenham que ser uma parte substantiva e apaixonada desta ou daquela equipe.

Finalmente, criam-se sistemas de tabus e de interdições irracionais (porque inteiramente arbitrárias de um ponto de vista simbólico). Aquilo que é marca registrada dos chamados "selvagens" — a magia da identificação pelos emblemas e totens, a coerção dos cantos e gestos, o uso das fórmulas encantadas — ressurge entre nós, modernos, individualistas e racionais, movidos — dizem — a dinheiro, interesse e mercado. E, para culminar todo esse sistema de emolduramentos "absurdos", subverte-se a ordem mundial, suprimindo das nações mais ricas e "civilizadas" o seu poder político, militar e civilizatório. Porque, conforme estamos fartos de saber no Brasil (e agora também no Senegal, na Turquia e na Coréia), todos são iguais perante a bola que, diferentemente das bombas, das metralhadoras e dos canhões, corre mais do que os homens...

[*O Estado de S. Paulo*, 23 de junho de 2002]

O FUTEBOL E
AS CIDADANIAS BRASILEIRAS

O pentacampeonato cala a boca de todos que torceram contra, falaram mal e profetizaram o fracasso, exprimindo a velha confusão brasileira entre a crítica e o suicídio. Uma confusão cuja linhagem antecede a adoção do futebol como esporte nacional no Brasil. Dela fazem parte os que interpretaram o Brasil pelo que ele não era e não teve: ódio racial, guerra civil, burguesia industrial, civismo igualitário, literatura francesa, pureza racial...

Para muitos, falar do Brasil como um todo equivale a produzir um discurso contra o Brasil. Uma narrativa que confunde uma desejável e necessária consciência crítica com autoflagelação e derrotismo cultural. Uma posição na qual as questões são vistas como desgraças insuperáveis e, em seguida, generalizadas e nacionalizadas como cancros inevitáveis e incuráveis. Neste tipo de visão, os problemas não são desafios a serem vencidos, mas doenças que vão nos levar ao hospital e ao túmulo.

Um dia, eu ouvi da boca de um popular essa versão estarrecedora dos nossos males e de sua cura: "O Brasil só vai tomar jeito quando chover gasolina por três dias e depois alguém riscar um fósforo."

Basta ler os intérpretes do Brasil e os cronistas de plantão para descobrir que essa idéia de riscar um fósforo é uma fábula nacional. A cura radical do Brasil ronda a obra de quase todos os que tomam a sociedade brasileira como tema. Misturando o Brasil com seus regimes políticos; reduzindo a sociedade ao Estado nacional e aos governos; lendo problemas e dificuldades como essência nacional, as elites pregavam (e continuam pregando) as tais descontinuidades, defasagens e rupturas históricas que, tal como o fósforo do popular, finalmente nos meteriam em brios e nos eixos.

Mas enquanto um pedaço do Brasil enxerga os problemas como sentenças de incapacidade, o povo tece suas narrativas por meio das anedotas, do jogo do bicho, da música popular, do carnaval, do cafezinho, do almoço de domingo e do futebol. Nelas, as dificuldades todas têm remédio e, como no futebol, devem ser vencidas por partes.

Dizem que o povo a tudo assistiu ignorante e, pior que isso, bestializado. De minha parte, acho mais sábio ponderar que tanto povo quanto elites são bestializados — e o pentacampeonato prova isso — para certas dimensões da sociedade.

No jogo das trocas, o povo foi pegando, dominando e dando de volta o que podia. Sua primeira cidadania não veio com a igualdade republicana, mas com o jogo do bicho que abria as esperanças de, com pouco dinheiro, muita magia e sorte, mudar de posição social. Sua segunda cidadania não foi dada por nenhum partido ou ideologia política, mas pelo carnaval que lhe abriu as portas de uma igualdade perante a música, o corpo e a sensualidade, invertendo as rotinas hierárquicas dos cotidianos marcados pela cor da pele e pelo nome de família.

O futebol, entretanto, deu ao povo sua cidadania definitiva. Pela igualdade perante regras que não mudam e valem para todos. Por um modo de pertencer sem mediações eruditas e complicadas, dessas que permeiam o linguajar dos políticos, dos economistas e dos juristas. E, *last but not least*, pela experiência com a vitória e com a excelência.

No futebol e pelo futebol, o povo aprendeu que pode vencer seus problemas sem salvacionismos messiânicos ou ideológicos. Com ele, o Brasil teve uma grata e apaziguante experiência com a vitória, com a excelência, com a competência, com a paciência e com o amor, esses valores sistemática e significativamente ausentes dos projetos políticos. Nesses papéis, ao contrário do futebol, a sociedade brasileira surge como uma entidade vazia de valores, destinada a ser reeducada e transformada pelo Estado.

É, pois, o futebol que engendra essa cidadania positiva e prazerosa, profundamente sociocultural, que transforma o Brasil dos problemas, das vergonhas e das derrotas, no país encantado das lutas, da competência e das vitórias. Uma coletividade que pode finalmente contar com suas próprias forças e talento. Com o futebol, o Brasil não nos enche de vergonha — como ocorre no discurso dos políticos —, mas de orgulho, carinho e amor.

Viva o carnaval! Viva o futebol! E viva o povo brasileiro que generosamente permite que o Brasil campeão resgate o Brasil que tem ódio de si mesmo.

[*O Estado de S. Paulo*, 30 de junho de 2002]

O FUTEBOL E OS PAPÉIS MODELO

O pentacampeonato continua perturbando alguns espíritos. No geral, a conquista da Copa enerva e irrita os que insistem em corrigir e educar o Brasil. Aos que sabem das respostas e já equacionaram os remédios para as nossas mazelas, horroriza qualquer sucesso coletivo, pois isso acaba com a idéia de um Brasil que precisa de salvadores, consertadores e engenheiros sociais.

Há, pois, quem estranhe e condene as comemorações, usando o argumento terrorista segundo o qual, enquanto o povo gritava o gol da vitória e inocentemente vibrava com o penta, seus inimigos se aproveitavam para lucrar e explorar um pouco mais a sua ingenuidade. Outros equacionam o penta e a Copa a uma festa cíclica que, como o carnaval, tem sua quarta-feira de cinzas, fazendo com que se caia na real e a "real" é, obviamente, "toda essa porcaria que aí está". Até a alegria do penta foi condenada como inautêntica, como se algum mortal pudesse medir e pesar como bom ou ruim o que a sociedade destila e exprime coletivamente.

O denominador comum de todas essas manifestações é um só: isolar o futebol do restante da sociedade, construindo um dique de modo a impedir que a excelência no esporte contamine as outras áreas do sistema. Há, sem nenhuma dúvida, um temor que o povo leia a excelência futebolística como um drinque e, por ele embriagado, nada faça para mudar o sistema e o Brasil.

O engano passa pelo erro de ler todos os nossos problemas por um ângulo exclusivamente político. E como o futebol como espetáculo escapa a um equacionamento deste tipo (quem é que pode escalar um time pela filiação partidária dos jogadores?) as pessoas ficam perdidas e politizam mal o futebol e a energia positiva que ele desperta e dissemina socialmente.

A realidade, entretanto, é bem outra. O futebol é importante não porque ele faça esquecer as mazelas e as mistificações rotineiras, mas porque a experiência com a vitória, com a excelência, com o esforço e o sacrifício coletivos, com o entregar-se de corpo e alma a uma camisa-causa, permite voltar ao trabalho com novas disposições. Se sou vitorioso na bola, por que não ser igualmente excelente no estudo, na arte e na minha atividade profissional? Se o Brasil é penta na pelota, por que não transformá-lo num campeão de justiça social e de distribuição de renda?

E, mais importante talvez que tudo isso: se posso amar o Brasil do futebol, por que não amar o Brasil que tem tantos problemas? Em que posição devo jogar para contribuir para a realização do sonho brasileiro? E, metido num dado papel, como posso me esforçar para que o Brasil seja também vitorioso na política e na economia?

Vejam que não precisei falar em nenhum partido político ou modelo ideológico. Apenas revelo como se pode politizar o futebol, sem explodi-lo nas fórmulas feitas, pois se o esporte é o ópio do povo ele é também um estímulo importante para o reconhecimento dos problemas e da auto-estima de uma sociedade, auto-estima sem a qual, diga-se de passagem, nenhum problema pode ser resolvido.

Há requisitos esportivos muito valiosos e os profissionais do campo sabem disso. Um deles é que cada jogador desempenha um papel, tem uma função. Outro, igualmente fundamental, é que os papéis têm uma dinâmica: entram em conflito e se complementam. Se uma equipe joga mal, os papéis entram em guerra interna e ninguém se entende. Mas quando um time se entrosa, defesa, meio-campo e ataque se completam e equilibram. Finalmente, esses papéis são fixos. Eles ficam, mas os seus atores passam, mudam, morrem. Quem acompanha futebol desde a década de 1950, como eu, sabe bem disso. E viu essas posições fixas — esses papéis-modelo —, de goleiro a atacante, serem ocupados por todo tipo de jogadores. Alguns elevaram esses papéis ao seu limite, dando-lhes um toque e gênio e neles imprimindo uma qualidade difícil de ser superada. Outros, simplesmente, "cumpriram seus papéis", desempenhando-os com dignidade e competência quando estavam nesse grande teatro que é o campo de futebol.

Na sociedade acontece o mesmo. Há um conjunto de papéis fixos que todos desempenhamos. Impossível, numa democracia, não cuidar (e exigir) que certos papéis sejam atualizados com honestidade e competência. É o caso dos papéis dos administradores em geral e dos que ocupam cargos privilegiados e críticos, como os de governador, fiscal, advogado, professor, policial e juiz. No futebol, os jogadores são imediatamente punidos quando não cumprem suas funções? No futebol, quanto maior a expectativa e quanto mais famoso o jogador, mais forte — lembram-se da Copa? — a cobrança.

E na sociedade, como nos comportamos? Ora, no caso do Brasil, devido às nossas práticas hierárquicas, invertemos tudo. E quanto mais poderosa e rica a pessoa, menos a punimos e castigamos. Evitando equacionar a responsabilidade social com a função pública, somos lenientes com quem ocupa papéis superiores e modelares e duríssimos com trabalhadores. Em outras palavras e ao contrário do futebol, somos sempre fortes com os fracos e muito, mas muito fracos com os fortes.

[*O Estado de S. Paulo*, 7 de julho de 2002]

O BRASIL PERFEITO
QUE EXIGIMOS SEM SABER

Se você pensa que nós queremos um Brasil rastaqüera, pequeno, desonesto, fraco, incapaz, medroso, incompetente, rotineiro, fracassado e perdedor, está redondamente enganado. Se você se deixa levar pelos jornais que diariamente estampam problemas seriíssimos como algo normal e rotineiro, como prova de nossa proverbial falta de vergonha, moralidade e reação; se você pensa que não temos amor, carinho, dedicação e patriotismo (esse sentimento feito para os idiotas e os ingênuos), você continua incorrendo em erro.

Para sair de tudo isso, caro leitor, basta assistir à transmissão de uma partida do selecionado brasileiro de futebol. Partida narrada, de preferência, pelo admirável Galvão Bueno.

Vejam minha experiência. Outro dia elogiei o dia-a-dia, e logo recebi duas ou três objeções-trolha. "O Brasil está interessante", disse timidamente, para ouvir uma arenga sobre "o descalabro da violência e os juros absurdos. O Lula", disse-me babando um petista de carteirinha, "tem que baixar os juros!" "Mas há esperança, há fé...", retruquei querendo falar de amenidades. "Sim", explode outro amigo raivoso, "mas eu concordo com o Diogo Mainardi que tem muito Deus no Brasil..." "Mas as coisas estão indo bem na política", tento mais uma vez só para ouvir uma outra metralha de queixas que, começando com Pedro Álvares Cabral, passava pelo Império, pegava Vargas, liquidava a "ditadura militar", era implacável com FHC e não poupava o eleito de meus interlocutores, o próprio Lula.

Eu, esgrimando muito mal à moderna, dizia que os problemas eram desafios. Mas meus amigos retrucavam puxando pelas "taras de origem" que, com o degradados, tinham dado ao nosso Brasil um curso negativo imutável.

Mas foi aí que eu liguei a televisão, tomei conhecimento de uma minicopa de futebol, vi dois jogos do Brasil transmitidos pelo Galvão Bueno e compreendi tudo. É que o locutor é, como todos nós somos, não apenas o time (o povo), mas também o técnico (o presidente), a comissão técnica (os governadores), os juízes (o corporativíssimo poder judiciário), os bandeiras (a polícia hoje incompetente e, o mais das vezes, corrupta) e até mesmo os reservas.

No nosso afã de desejar a vitória (o bem-estar e o progresso social), nós "somos" e "fazemos" tudo, exigindo um Brasil perfeito.

Nosso narcisismo às avessas, como dizia Nelson Rodrigues, não vem de um desamor crônico ou atávico pelo Brasil, não. A nossa destruidora visão de nós mesmos, fundada nas explicações tradicionais da má formação racial, da ausência de unidade política, passando por colonianismos e imperialismos, por autoritarismo, pela corrupção deslavada e pelo clientelismo, sem esquecer a falta de vergonha na cara, viria — isso sim! — de um amor impoluto e de um desejo reprimido de perfeição absoluta. A impaciência com os defeitos do que, naquele momento, percebemos como sendo o Brasil, é que leva a essa absurda condenação, a essa ira e a essa auto-estima revertida, na qual o amor se transforma em catastrofismo, fracassomania e autoflagelação. Além de palpites e augúrios negativos de todos os tipos.

Quem duvidar que observe a si mesmo, quando o "Brasil" entra em qualquer competição esportiva, transformando o esporte em instrumento pelo qual vivenciamos a nossa identidade coletiva. Diante das imagens concretas de um Brasil encamisado nas cores nacionais, encarnado nos seus jogadores-representantes e enfrentando os percalços de uma dura partida com resultado incerto, liberamos toda a nossa impaciência, falta de equilíbrio, má vontade e pessimismo em cada jogada, passe ou movimento. Quando o time faz gol, tudo é maravilhoso. Mas bastam alguns erros ou sinal de depressão, para que nos voltemos contra o que imediata e inapelavelmente interpretamos como erro, má vontade, burrice, preguiça, desdém, incompetência e falta de amor à camisa.

O drama do "ser-ou-não-ser" campeão que nos assalta nos torneios internacionais é um sintoma dessa exigência coletiva de perfeição. Uma vontade que a elite intelectual sempre situou como ingenuidade, fanfarronice burra e atraso sentimental. Acostumados pelos "melhores" comentadores e mentores a não levar a sério nenhum autor nacional; habituados a somente estudar (e citar) o autor "de fora", aquele com o nome complicado e a escrita muito mais ainda, porque se é enrolado é bom; só reconhecemos o nosso compatriota quando — que digam as nossas folhas — ele (ou ela) é elogiado "lá fora".

Claro que as coisas estão mudando. Mas não se pode negar essas dificuldades de amar abertamente o Brasil. Deste ângulo, é o amor admitido, mas não correspondido, que engendra esse patriotismo ao contrário. Com ele vem uma leitura burra das dificuldades, mazelas e desafios — acima de tudo os desafios das grandes transformações, como as que estão ocorrendo agora e da quais nós devíamos nos orgulhar, porque foram criadas por nossa própria dinâmica social e vontade de mudar

— como obstáculos invencíveis. Daí, portanto, esse preconceito terrível que não deixa ver o que um jogo de futebol revela: o quanto queremos um Brasil perfeito. A nossa impaciência para com os erros e as eventuais derrotas. O nosso maravilhoso afã patriótico de sermos um país vencedor. Glorioso na sua excelência e na sua generosidade para consigo mesmo e com os outros.

[*O Estado de S. Paulo*, 22 de junho de 2003]

TRÊS ENSAIOS

ANTROPOLOGIA DO ÓBVIO:
UM ENSAIO EM TORNO DO SIGNIFICADO SOCIAL DO FUTEBOL BRASILEIRO*

> *Em memória de Nelson Rodrigues que soube ler no futebol o coração e a alma do Brasil*

Diz um ditado que no Brasil só existem três coisas sérias: a cachaça, o jogo do bicho e o futebol. Curioso que esta lista de unanimidades nacionais seja constituída por uma bebida alcoólica — um "espírito" que ajuda a comemorar alegrias e a esquecer as frustrações; uma loteria socialmente aprovada mas legalmente clandestina que junta números inequívocos com animais ariscos, sonhos com o desejo concreto de ascensão social fulminante, mas sem trabalho, e políticos profissionais e "homens de bem" com notórios contraventores (cf. DaMatta

---

* Este trabalho é uma versão ampliada e bastante modificada de um artigo com o mesmo título, publicado originalmente na *Revista USP: Dossiê Futebol*, no seu nº 22, junho/julho/agosto de 1994. Versões anteriores de alguns argumentos aqui apresentados apareceram no ensaio "Esporte e sociedade: um ensaio sobre o futebol brasileiro", cap. 1 do livro, *Universo do futebol: esporte e sociedade brasileira*. Rio de Janeiro: Edições Pinakotheke, 1982, por mim organizado e que reuniu ensaios de Luiz Felipe Baeta Neves, Simoni Lahud Guedes e Arno Vogel, no ensaio "Notes sur le futebol brésilien", *Le Débat*, nº 19, fevereiro de 1982; e na *Revista Internacional de Teologia, Concilium,* no seu nº 5 do ano de 1989. Correndo o risco de cometer injustiça, pois existe hoje uma densa literatura sobre o futebol, devo dizer que muito do que o leitor irá ler aqui tem sido mais bem documentado e analisado por pesquisadores como Simone Lahud Guedes, Maurício Murad, José Sérgio Leite Lopes, o pranteado Eduardo Archetti, Luiz Henrique de Toledo e Pablo Alabarces.

e Soárez, 1999); e um esporte moderno inventado pelos ingleses e adotado pelos brasileiros com uma paixão somente igualada por sua excepcional perícia em praticá-lo.

Vale também observar que, dentre essas instituições, o futebol é decididamente a mais moderna e a que chegou ao Brasil por meio de um bem documentado processo de difusão cultural. Tanto que não seria exagero dizer que o futebol ajudou a consolidar a vida esportiva nacional que por meio dele popularizou-se, abrindo as portas da sociedade a uma série de atividades auto-referidas, marcadas por disputas igualitárias apaixonantes, paralelas ao universo duro e penalizante do trabalho que, entre nós, demarca a esfera da "obrigação", do "castigo", do "batente" e dos limites impostos pela chamada "dura realidade da vida".[1]

De fato, enquanto oferecer uma caninha é um gesto cuja motivação mais profunda se perde na intenção das dádivas como agentes de reciprocidade, e o jogo do bicho é o produto de uma modernidade enviesada, como Elena Soárez e eu tentamos mostrar alhures,[2] o futebol foi introduzido no Brasil sob o signo iniludível do novo, pois, muito mais do que um simples "jogo", ele constava da lista das coisas civilizadas e modernníssimas a serem adotadas pela sociedade brasileira, uma sociedade vista por suas elites como atrasada e, com a proclamação da República, em alvoroço para recuperar o tempo perdido. Além disso, esse jogo de bola era algo relativamente desconhecido, mas que chegava do maior império colonial do mundo, da prestigiosa Inglaterra — no bojo de uma novidade chamada "esporte". Uma atividade voltada para a redenção do corpo pelo exercício físico e pela competição, dando-lhe a higidez necessária à sua sobrevivência num admirável mundo novo, um universo orientado pelo progresso, por coisas estrangeiras, governado pelo mercado, dinamizado pela industrialização e agenciado por um estranho sentido de autonomia da pessoa, não só como parente ou amigo, mas como indivíduo e cidadão. Um mundo cada vez mais inglês e marcado, como ensina Gilberto Freyre, pelas "ingresias" que substituíam as "francesias" e os velhos costumes portugueses.

É claro que o "esporte" e as novas idéias de saúde e higiene promovem uma mudança paradigmática relativamente ao corpo na sociedade brasileira. Daí o rebuliço em torno de tudo o que chega com eles. Tradicionalmente, como salienta Gilberto Freyre (em *Sobrados e mocambos* e em *Ordem e progresso*), a sociedade brasileira tem muitos modelos de corpo, mas nela destaca-se o corpo ativo e forte, mas negro, estigmatizado, suarento e castigado dos escravos e dos inferiores, usado como animal de carga e máquina; e o corpo sedentário dos senhores, em cuja lerdeza e imobilidade fixavam-se os sinais capitais de superioridade e de poder. Teríamos, talvez, dois ideais corpóreos: o do senhor (para o qual toda atividade física era um interdito ou um desprestígio) e a do escravo que a encarnava e, por prescrição social, deveria realizá-la.[3]

A chegada de novas idéias sobre o cuidado e o uso do corpo muda radicalmente essas representações. Com a educação física, a ginástica, o esporte e, sobretudo, com o futebol, surge a idéia de um corpo universal. Um corpo a ser desejado por todos os membros da sociedade, independentemente de sua profissão ou posição social. Os debates acalorados sobre esses assuntos eram de fato discussões sobre um igualitarismo social que, longe do sistema brasileiro, introduzia-se (para alguns sorrateira e sedutoramente) através desses jogos excitantes para se ver e aparentemente fáceis de se praticar que, por causa disso mesmo, tanto empolgam as massas. Com o esporte veio a possibilidade de praticamente inverter as concepções sobre o corpo no Brasil. Agora, não era o corpo que determinava a posição social, mas, ao contrário, era a posição social que poderia ser modificada e estabelecida com e por meio do corpo: pelo talento e pelo desempenho nas arenas esportivas. Era esse conjunto de práticas igualitárias que demandavam mobilidade, talento individual e disposição para a competição que estava sendo colocado em pauta nas discussões da época. Pois eram disponibilidades que destronavam velhas expectativas, indicando que era o trabalho e o que vinha com ele que iria determinar o lugar social de cada indivíduo no sistema. Nada é mais simbólico de mudança e, sobretudo, de mobilidade social do que os campeonatos esportivos. Sobretudo numa Inglaterra que conjugava igualdade democrática com aristocracia. Inglaterra, é preciso repisar, que dominava o mundo e que trazia no bojo de sua potencialidade social a indústria, a ciência, o progresso, as práticas esportivas e esse intrigante *football*.[4]

Todos esses dons de sucesso faziam com que, no início do século passado, no momento de sua aparição no cenário brasileiro, o futebol fosse um jogo de elite. Um "esporte" praticado por jovens brancos estrangeirados, filhos de industriais que a ele se ligaram na Inglaterra, onde tinham ido a estudo ou negócios. Tanto que, como revela Mário Filho num livro raro pela sua originalidade, muitos dos clubes eram tão marcadamente ingleses que tinham o "The" no nome, como foi o caso do Bangu, então The Bangu Athletic Club, associação fundada por sete ingleses, um italiano e um brasileiro branco; do Paissandu Cricket Club e do Rio Cricket and Athletic Association de Niterói que nós, rapazes de Icaraí, somente freqüentávamos nos bailes de formatura (cf. Mário Filho, 1964:3-4).[5]

Apaixonados pelos valores que o esporte implicitamente demandava dos seus praticantes — o esforço físico, a competição moderna balizada por normas explícitas que conduziam ao chamado *fair-play* ou "espírito esportivo" —, esses jovens trouxeram o futebol para suas fábricas e clubes, espaços onde o jogo ajudava a disciplinar os corpos, esfriando as mentes e aplainando os corações, protegendo-os de ideologias subversivas e fazendo-os obedientes às suas regras. Pois diferentemente de outras instituições, o futebol tem a capacidade de unir muitas dimensões simbólicas na sua invejável multivocalidade, sendo a um só tempo, jogo e esporte, ritual e espetáculo, instrumento de disciplina das massas e evento prazeroso. Algo que desperta arroubo, mas determina treinamento; requer disciplina e, no entanto, pressiona para a vitória a qualquer custo. Acima de tudo, porém, o futebol obriga respeito por suas regras, essas normas simples não podem mudar durante a partida e devem valer para todos, regras que institucionalizam, agenciam e legitimam o campo do esporte como um domínio especial e autônomo da vida social.

Introduzido no Brasil naqueles primeiros anos de vida republicana, o futebol fazia parte de um almejado movimento modernizador que ativava reações díspares. Sua aura aristocrática e sua fulminante popularidade que, como a do jogo do bicho, penetrava todas as camadas sociais tornavam-no um esporte da moda, pois como acentua Francisco de Assis Barbosa, na sua consagrada biografia de Lima Barreto, "era *chic* ser jogador de futebol" (cf. Barbosa, 1975:283; veja-se igualmente Mário Filho, 1964).[6] Mas, como não poderia deixar de ocorrer, o futebol também teve inimigos mortais. Na própria Inglaterra onde nasceu, Herbert Spencer, o sociólogo vitoriano da modernidade industrial neodarwinista, o condenou como uma "re-barbarização" no que foi seguido por Lima Barreto e outros socialistas e nacionalistas de "inclinações anarquizantes", no dizer de Wilson Martins ao se referir ao escritor e seus eventuais aliados (cf. Martins, vol. VI, 1996:150).[7]

Aprofundemos um pouco as opiniões negativas de Lima Barreto, escritor sem berço, riqueza, dependente químico, marginalizado e mulato, sobre o futebol, pois elas revelam como são complicadas as percepções sociais numa sociedade dividida entre seguir modelos estrangeiros e emular, prestigiar e defender instituições nacionais tendo como pressuposto uma incompatibilidade de raiz entre elas, como se as sociedades fossem entidades rígidas, incapazes de mudar e promover sínteses criativas e inesperadas das instituições, ou objetos culturais com os quais entram em contato. A ojeriza de Lima Barreto contra o futebol, ironicamente por ele chamado de "jogo de pontapés" (cf. Lima Barreto, 1956:72), era tamanha, que ele fundou, na década de 1920, uma "Liga Brasileira contra o Futebol". Para a sua índole nacionalista, o futebol, os arranha-céus, e um conjunto de "danças desavergonhadas" e "luxuriosas", como o foxtrote, o *shimmy*, o tango, o *one-step* e o *ragtime* (cf. Lima Barreto, 1956:63), eram coisas estrangeiras, cuja adoção arrebatada denunciava um vergonhoso espírito imitativo e um antibrasileirismo a ser devidamente controlado, preferencialmente banido e rotineiramente ridicularizado. Sendo assim, Lima Barreto acusa o futebol de despertar paixões e incontida violência, além de igualar homens e mulheres que, no papel de jogadores e torcida, comportavam-se de modo chocante, deixando de lado velhos pudores e a necessária compostura.[8] Ou seja, a questão de Lima Barreto contra o futebol tem como base a percepção de que o esporte bretão rompe com as velhas etiquetas que regulavam o comportamento entre homens e mulheres, ricos e pobres, jovens e velhos, negros e brancos, fazendo com que todos fossem englobados por sua implacável lógica de disputa regulada e igualitária. O que me parece sociologicamente relevante nas objeções de Lima Barreto e de outros críticos é a percepção que o futebol transtornava papéis sociais hierarquizados, na medida em que o público deixava de ser um espectador passivo (como ocorria nos espetáculos burgueses tradicionais como o bel-canto, a ópera, o teatro e até mesmo as corridas de cavalo e as regatas), transformando-se num aficionado ativo singular: um "torcedor" desta ou daquela agremiação, certo de que sua atitude relativamente ao seu time era um modo de participação importante para o resultado da partida.

Para outras figuras públicas de grande visibilidade e poder, como o barão do Rio Branco e intelectuais, como Coelho Neto e Olavo Billac, escritores de sucesso e líderes desta tão desejada modernização, o futebol representava precisamente o oposto, pois era o exemplo do bom uso do corpo, esse corpo que deveria estar a serviço da pátria e do futuro.[9]

JOGAR E COMPETIR

O fato iniludível é que o futebol entrava em conflito com valores tradicionais. Habituada a jogar, não a competir, a sociedade brasileira, construída e dinamizada por favores, hierarquias, clientes, e abarrotada de ranço aristocrático e escravocrata, reagia ambiguamente ao futebol. Esse estranho jogo que, dando ênfase ao desempenho, rotineira e democraticamente produzia ganhadores e perdedores, mas — eis o pasmo! — não transformava o vencedor em dono da atividade e, mais estranho ainda, não subtraía dos perdedores a dignidade, a honradez ou a vergonha. Foi preciso, então, que essa sociedade vincada por valores tradicionais aprendesse a separar as regras dos times envolvidos na competição e da própria partida para que o futebol (e, com ele, um leque de outras atividades esportivas) pudesse ser abertamente apreciado entre nós.

A respeito dessa dificuldade em aceitar a derrota, Mário Filho dá inúmeros exemplos, começando com conhecido costume de "gozar" do perdedor depois do jogo. Ele menciona igualmente o hábito, sem dúvida original e exógeno, muito inglês pelo testemunho da capacidade de controlar as emoções que seria, segundo o estereótipo, típico deste povo, do congraçamento sem mágoas e como iguais dos vencedores e vencidos, numa refeição ritual sempre realizada após as partidas. "Comemoração da derrota?", perguntava-se exprimindo uma consciência certamente virgem de *fair-play* e de "espírito olímpico". "Era feio recusar", continua Mário Filho, "os vencidos tinham de se mostrar à altura dos vencedores, comendo com eles, bebendo com eles, cantando [canções ingleses, como *For he's a jolly good fellow*] como eles. E, principalmente, pagando como eles. Na hora de pagar não havia nem vencidos nem vencedores, todos se confundiam como pagantes. E os vencidos podiam sentir, até, a vaidade bem esportiva de ter contribuído para o maior brilho da festa dos vencedores. E sem amarrar a cara, nada de mostrar tristeza, a dor da derrota, e sem regatear dinheiro. O que os vencedores gastavam os vencidos gastavam" (cf. Mário Filho, 1964:11).

Foi certamente essa humilde atividade, esse jogo inventado para divertir e disciplinar que, no Brasil, transformou-se (sem querer ou saber) no primeiro e provavelmente no seu mais contundente professor de democracia e de igualdade. Não foi, então, através da escola, do jornal, da literatura ou do Parlamento e de algum partido político que o povo começou a aprender a praticar a igualdade e a respeitar as leis, mas assistindo a jogos de futebol. Esses eventos onde o vitorioso não tem o direito de ser um déspota, e o perdedor, vale repetir, não pode ser humilhado. Penso, portanto, ao contrário de muitos analistas antigos e modernos que somente vêem esse esporte como um coadjuvante de uma ideologia de dominação, que foi esse vislumbre da igualdade como valor e escolha, contido no velho e bretão *football association*, um dos traços que contribuíram para a sua popularização, tornando-o uma mania e um acontecimento festejado e amado pelo povo.[10]

Essa relação entre povo e futebol tem sido tão profunda e produtiva, que muitos brasileiros se esquecem de que ele foi inventado na Inglaterra e pensam que ele é, como a mulata, o samba, a feijoada, o jogo do bicho, o cafuné, a sacanagem e a saudade, um produto brasileiro. Tal ousadia em mudar, canibalizando, uma história recente e bem documentada, apenas indica o quanto o "futebol" foi devidamente apropriado pelas massas que com ele mantêm uma invejável intimidade. Intimidade que o torna nativo e o redefine como uma instituição brasileira, contrariando as visões xenófobas cujo ponto de partida é a idéia de que o Brasil é uma sociedade tão débil e pronta a ser iludida que suas elites têm que protegê-la de tudo o que chega de fora.

O êxito do futebol no Brasil desmonta integralmente a velha tese segundo a qual os povos colonizados estariam permanentemente submetidos às instituições inventadas e impostas pelos seus colonizadores-espoliadores-dominadores. Mais que isso: o sucesso mundial do futebol brasileiro obrigou a mudar as velhas teses sobre a identidade nacional. Não foram, pois, os políticos, os formadores de opinião pública ou muito menos os intelectuais (quase todos racistas e favoráveis ao "branqueamento") que começaram a acreditar no valor do Brasil e no Brasil como um valor. Paradoxalmente, foi esse jogo estrangeiro, claramente elitista, repleto de nomes desconhecidos e impronunciáveis pelo povo semi-analfabeto e monolíngüe do Brasil que, graças à força das redefinições culturais não previstas, provocadas pelo processo aculturativo, se transformava no principal agente de uma radical, porque positiva, redefinição dos modos de perceber as possibilidades e as capacidades do Brasil. Se o futebol não chegou a abalar as teorias elitistas de uma inferioridade nata da sociedade nacional, ele pelo menos tornou-se uma fonte de desabrido e comovente amor pelo Brasil. Um amor, diga-se de passagem, que para muitos setores da chamada "esquerda" deveria ser reprimido como um vergonhoso ópio do povo, posto que dele roubava uma suposta capacidade crítica. Como se um povo pudesse mesmo transformar-se sem amar a si mesmo ou ao menos confiar na sua capacidade de mudar. De qualquer modo, como não se entusiasmar pela competência brasileira, quando se conquistavam várias Copas do Mundo, disputando palmo a palmo com as nações que nos serviam de modelo e inspiração de superioridade, política, ética e moral?

Foi, pois, o futebol que, além de nos fazer acreditar na possibilidade de uma ordem moral baseada na igualdade, forneceu o alicerce para uma drástica rearticulação de nossas identidade sociais (pessoais, de bairro, urbanas, regionais e nacionais), em bases positivas, regadas a esperança e otimismo. E foi certamente Nelson Rodrigues como cronista esportivo mais do que como dramaturgo quem, em peças imortais escritas entre 1955 e 1978, traduziu, com uma deliciosa dose de metafísica carnavalesca, todo esse complexo processo de redesenho da identidade brasileira em relação com seus velhos tabus (falsa humildade, complexo de inferioridade, de "vira-lata"), a dialética da regra contra a sua manipulação malandra ou corrupta, o evento (a jogada indescritível e única) contra a estrutura, a frustração e as contradições colocadas pela aceitação da derrota, as brigas entre jogadores, o permanente sentimento de inferioridade racial, seus paradoxos e contradições; o resgate incondicional e irremissível do amor pelo Brasil, e, com os outros: os adversários e, acima de tudo, com os antagonistas estrangeiros que sempre figuraram na imaginação nacional muito mais como modelos civilizatórios positivos ou negativos do que como meras equipes de futebol.

Talvez o futebol seja capaz de tudo isso porque é uma atividade dotada de uma notável multidimensionalidade: uma densidade semântica complexa que permite entendê-lo e vivê-lo simultaneamente por meio de muitos planos, realidades e pontos de vista. Embora seja uma atividade moderna, um espetáculo pago, produzido e realizado por profissionais da indústria cultural, dentro dos mais extremados parâmetros capitalistas ou burgueses, ele, não obstante, também orquestra componentes cívicos básicos, identidades sociais importantes, valores culturais profundos e gostos individuais singulares. A começar pela possibilidade de projetar, no campo e na partida que produz, emoções, mitos e fantasias individuais e coletivas, tirando do espetáculo — como Nelson Rodrigues percebeu melhor do ninguém — qualquer possibilidade "objetiva" ou unidimensional, isto é, qualquer possibilidade de uma redução do "jogo de futebol" a algo sem espessura ou densidade, para falarmos como Louis Dumont e Clifford Geertz. No fundo, o futebol demonstra, contrariando os xenófobos e outros teóricos da redução e da unidimensionalidade, que se pode acasalar

— e acasalar muito bem — valores culturais locais, nascidos de uma visão de mundo tradicional, hierárquica e particularista, com uma lógica moderna, individualista e universalista.

O SIGNIFICADO DO ESPORTE NO MUNDO MODERNO

Mas não se pode discutir o futebol de um ponto de vista sociológico sem procurar situá-lo no mundo moderno. Cabe então perguntar: qual o significado do "esporte" neste mundo?

Refletir sobre o esporte é procurar compreender uma esfera de atividade dotada de uma aura paradoxal. Primeiro, porque ele tem uma notável autonomia, sendo uma dimensão social marcada por normas, gestos, valores, objetos, vestimentas, espaços e temporalidades singulares que ultrapassam um mundo construído e rotinizado em torno do trabalho e do "econômico", como base do progresso e eixo de redenção moral. Realmente, um dos elementos mais marcantes da paisagem urbana antiga e moderna são as arenas, os estádios, os autódromos, as quadras, os ginásios e piscinas, destinados aos "jogos" e aos esportes. No mundo antigo eles rivalizavam com templos e igrejas, tornando o "ir à rua" (esse universo perigoso e ameaçador para as boas famílias, porque, no Brasil, era o lugar dos inferiores, dos marginais e dos escravos) um deslocamento aceitável. Hoje em dia pairam isolados, dominando a cena, pois seus competidores mais próximos — arranha-céus e shopping centers — são espaços explicitamente destinados aos negócios, não ao espetáculo ou ao ritual.

As arenas esportivas são também palcos onde os uniformes e os equipamentos especiais, próprios de cada competição, transformam pessoas comuns, submetidas às leis que regem a cidadania e a posição econômica em geral, em pessoas especiais. Em aliados e heróis ou adversários e vilões potenciais, quando, como torcedores e disputantes de torneios esportivos investidos nos papéis de atletas e jogadores, obtêm o privilégio de realizar ações sociais marginais, exóticas ou até mesmo impróprias e, no limite do senso comum, criminosas, fora das arenas, ringues, quadras e estádios onde eles se confrontam. Com isso, os espetáculos esportivos promovem o abandono temporário das regras utilitárias que conformam a ideologia burguesa, propondo a separação entre meios e fins, essa norma de ouro da racionalidade moderna. Se nas salas de aula e nos tratados científicos o discurso racional nos diz uma coisa de cada vez, partindo — como ensina Louis Dumont — da decomposição do mundo em esferas distintas demarcadas empiricamente; o esporte cria as condições para novas mitologias, propondo dizer, como fazem a arte e a poesia, todas as coisas de uma só vez.[11]

Nos estádios, então, uma civilização fundada no equilíbrio entre meios e fins abre-se a toda sorte de extravagância, predispondo-se a extraordinárias conexões simbólicas. Seja matando animais ou fazendo com que eles se transformem em instrumentos de competição, seja premiando o uso exclusivo dos punhos, seja determinando uma habilidade exclusiva das mãos ou dos pés, seja fazendo com que seres terrestres disputem corridas no gelo e dentro d'água, ou associem-se a animais para correr ou saltar obstáculos. Isso para não falar que esses são os espaços dos objetos especiais e igualmente aberrantes, como esses itens esféricos e incontroláveis, como as bolas, as quais se tenta, com um enorme esforço e lutando contra adversários, rebater para longe, colocar dentro de aros, caçapas, arcos e outros nichos sem a menor utilidade ou razão prática. Ademais, nos estádios, todos (disputantes, árbitros, espectadores, seguranças, pessoal técnico e até mesmo os donos e os patrocinadores do espetáculo) estão voluntária e prazerosamente submetidos, num grau jamais atingido na "vida real", às "regras do jogo". Em caso de exagero ou conflito, todos estão também subordinados a uma justiça especial — a "justiça esportiva" — que julga e penaliza os delitos eventualmente cometidos na área do esporte, salientando e legitimando em outro nível a sua especial realidade.

Coerentemente com essa singularidade espacial, o tempo que cada uma dessas estruturas articula tem uma natureza especial que o diferencia das durações cotidianas. Em torneios esportivos, a regra de ouro da vida burguesa que utilitariamente submete o tempo ao mundo prático dos negócios, afirmando que não se pode perder tempo e que o tempo é uma mercadoria — "tempo é dinheiro" —, podendo ser vendido e comprado, é subvertida, pois nos espetáculos esportivos, o tempo não tem como medida nenhum objetivo prático, exceto servir como moldura para as ações contidas pelo evento esportivo que o engendra. Com isso, o espaço e o tempo podem ser expandidos ou reduzidos, sendo agora contados em jardas, metros, centímetros e até mesmo em milímetros, segundos e seus décimos, o que os torna portentosos aliados ou temíveis adversários nas provas atléticas, quando uma fração de segundo ou de centímetro pode decidir um campeonato mundial ou um recorde. Ou seja: no campo do esporte tempo e espaço surgem como aliados ou adversários dos competidores que tentam superá-los numa dramatização bastante próxima do que acontece nas fábricas e nos escritórios, onde uma noção de tempo impessoal, burocrático, autônomo e independente das atividades sociais, é um inimigo do empregado e um parceiro do patrão, conforme revelou, entre outros, o historiador social E. P. Thompson num estudo clássico.[12] Mas com a diferença básica de que, no esporte, esse tempo não pertence exclusivamente ao patrão, mas ao jogo.

Cumpre, então, perguntar: num universo dominado pela "razão prática" e pelo utilitarismo para que servem a arte e o esporte?

Por não permitir a mesma resposta que compete no caso da ciência, do direito ou do comércio, a pergunta torna-se reveladora. É que na tentativa de responder a ela, acaba-se descobrindo, na trilha de Marshall Sahlins, o utilitarismo como valor.[13] Esse utilitarismo que deve ser o fim das nossas vidas e que entroniza a idéia de progresso: esse outro traço básico da ideologia burguesa. Diferentemente da economia e da religião, essas esferas que têm uma relação direta com o "dever", com a "obrigação", com o "castigo", com o "pecado", com o "sacrifício" e com a "dureza da vida", o esporte é uma atividade paradoxal porque não é produtiva no sentido de transformar a natureza e produzir "riqueza", estando balizada pela mudança de foco e pelo relaxamento. Por tudo, enfim, que caracteriza o que chamamos de "lazer".

Como atividades voltadas para si mesmas, esporte e arte configuram esferas de vida que negam o utilitarismo dominante e promovem um efeito de pausa. De feriado, desligamento ou descontinuidade com a sofreguidão exigida pela lógica do lucro, do consumo. Se o objetivo do trabalho é enriquecer a sociedade, transformando-a em corpo poderoso, o alvo do esporte é muito mais difícil de estabelecer. Tudo indica que o esporte tem um lado instrumental ou prático que permite "fazer" coisas e promover riqueza; mas ele tem também um enorme eixo expressivo e/ou simbólico que fala mais do modo como nos vemos e queremos ser vistos do que sobre o que estamos fazendo.

Mas é preciso acentuar que nem por isso o esporte está divorciado da sociedade que o engendrou. Sua função no mundo moderno tem uma ligação íntima com dois aspectos fundamentais da vida burguesa. O primeiro, reitero, é a disciplina das massas que o esporte ensina e reafirma, quando exige que todos cheguem aos estádios em horas certas, pagando corretamente as entradas dentro de uma lógica contratual clara. O segundo é a sua ligação estrutural e estruturante com a idéia de *fair-play*, que conduz à trivialização (e à relativização) da vitória e da derrota. Ora, essa socialização para o fracasso e para o êxito, essa banalização da perda, da pobreza e da má sorte, bem como a não sacralização do êxito somente poderiam ocorrer numa sociedade transformada, como disse, melhor do que ninguém, Karl Polanyi, pelo mercado que tudo engloba e faz crer que todos são mesmo jogadores com iguais oportunidades.[14]

Com isso, o esporte afirma valores capitalistas básicos, como o individualismo (cada um de nós tem o direito de escolher um clube, time ou herói esportivo e, mais que isso, de tentar ser um atleta) e o igualitarismo (os adversários têm que ter as mesmas oportunidades e devem ser tratados com lisura e respeito), o que, como disse, ajuda na socialização de uma justiça burguesa universalista. Justiça moderna que tem como lema o princípio da isonomia ou da igualdade de todos perante as leis, mas que está estruturalmente associada à rotinização da perda e de suas conseqüências como uma agência de diferenciação em muitos níveis. Justiça que tem como procedimento básico a confiança de que tais normas serão aplicadas com isenção por pessoas capazes de controlar seus interesses e simpatias pessoais. Uma justiça tão cega quanto o uniforme do árbitro que não se confunde com o dos times que ele administra em suas diferenças no decorrer de uma partida.

Não foi, então, por mero acaso que o esporte como um domínio social (e como uma "indústria cultural") tenha surgido com o advento da sociedade industrial de mídia e de massa. Este sistema hoje tem a hegemonia planetária operando — sabemos bem — através do mercado, do dinheiro, da possibilidade de compra e venda de trabalho e de uma massa humana urbana socializada universalisticamente, sendo capaz de acatar as leis que — repito — valem, como assevera o credo burguês (e o esporte), para todos. Tudo se passa como se esse credo tivesse um duplo movimento. Se, de um lado, ele aparentemente ficava mais simples, reduzindo todas as suas dimensões sociais à lógica unidimensional e plana do mercado, como denuncia Polanyi; de outro, esse mesmo mercado, sendo também socialmente instituído, engendra campos densamente insuspeitos — como o do esporte — que trazem à tona dimensões esquecidas, ligadas a uma sociabilidade afim da magia, da angústia provocada pela competição, pelo confronto agonístico e pela relação entre técnica, talento e acaso.

Entende-se, deste modo, por que um sistema baseado no mercado, no conflito e na competição, tenha instituído essas modalidades esportivas igualmente constituídas pelo confronto e pelo conflito. É que a rotinização (e até mesmo a banalização) da competição no campo "irreal" do esporte — uma esfera que, como bem disse Veblen, está situada na esfera social do "faz de conta" — transforma as paixões que levavam à morte, à perda da honra e à vingança nas sociedades tribais e arcaicas, numa pacífica e higiênica disputa de interesses. Num sentido preciso e profundo, dir-se-ia que o esporte, ao relativizar o brilho da vitória, ajuda a minimizar o peso das perdas, tirando delas o selo do fato irremediável, sem retorno, saída ou futuro. Com o esporte, a brasa do ressentimento e do ódio, tão comum nas disputas tradicionais, pode ser sublimada satisfatoriamente pela estrutura do sistema de disputa que se atualiza pelo planejamento de novos confrontos, nos quais o perdedor de hoje pode vir a ser o campeão de amanhã. Vê-se então como o esporte moderno veio substituir um sistema competitivo dualista, no qual apenas cabia derrota ou vitória sem remissão ou futuro, por um outro no qual os "retornos", os "segundo turnos" e as "revanches" são parte constitutiva da própria competição, moldando os conflitos e tornando as perdas e os ganhos eventos transitórios e não mais fatos determinantes de posição dentro de uma ordem. Com isso, as dissensões decorrentes das disputas são não apenas institucionalizadas, mas programadas, planejadas e transformadas num elemento constitutivo da própria atividade. Um ponto que, suponho, é um dado crítico na constituição da modernidade.

Antigamente, os homens perdiam, selavam seu fim ou lavavam a honra num jogo de vida ou morte. Hoje, no final de um jogo vemos os perdedores e ganhadores trocando suas camisas, como a reafirmar a separação entre o jogo (que foi ganho ou perdido) e o jogador obediente às regras, sem o qual não há competição. Como afirmei, o esporte é uma peça básica na internalização de uma mentalidade individualista e competitiva que, no mundo ocidental, passa como uma verdade natural, uma tendência inata ou um elemento impresso no nosso mapa genético. O velho Thomas Hobbes jamais poderia imaginar que a sua abominável "luta de todos contra todos" seria usada como mina de ouro e como um chamariz para fazer com que milhões de pessoas não só concebessem o confronto como parte intrínseca da vida social e da natureza humana, mas com ele se divertissem, situando-o na sua esfera de consumo e lazer.

O esporte é uma indústria, mas é igualmente uma atividade especial que combina as máximas do capitalismo moderno com as velhas práticas da reciprocidade. Essa reciprocidade sem a qual — conforme ensinou Marcel Mauss no seu *Ensaio sobre a dádiva* — não existe sociabilidade, pois é ela que obriga a dar, a receber e, sobretudo, a retribuir com redobrado zelo.

Deste modo, a atividade esportiva em geral e, dentro dela, o futebol, permitem ritualizar a competição, o que vai estabelecer ou reafirmar os melhores e os piores, os ganhadores e os perdedores, os primeiros e os últimos, permanentemente renovando e restabelecendo um quadro estratificado que o credo igualitário tende a mistificar e esconder. Se, como disse anteriormente, tradicionalmente o confronto entre grupos e pessoas cimentava reputações e desonrava nomes de família e aldeias, como ocorriam nos famosos *potlatch* das sociedades tribais da costa noroeste dos Estados Unidos e do Canadá, onde a superioridade social se revelava pela destruição de presentes; modernamente, e graças ao esporte, a disputa transformou-se numa competição entre iguais. Um ritual agonístico, por certo, pois em cada encontro os adversários querem "desforrar" a derrota ou aumentar a vitória, mas uma celebração na qual o conflito é programado e regido por normas conhecidas dos disputantes, da platéia, dos oficiantes (os juízes esportivos) e dos patrocinadores. Daí termos "campeonatos" e não apenas "torneios", "disputas", "combates" ou "duelos" de honra conforme era (e ainda é) o caso em muitas sociedades tribais e arcaicas.

O fato básico é que a esfera do esporte entroniza no mundo moderno formas legítimas de medição de força e de comportamento conflitivo e agonístico que, embora tenham uma moldura moderna e empresarial, são capazes de despertar em circunstâncias especiais esses valores relativamente adormecidos e essenciais à renovação dos laços sociais e da própria sociabilidade. Por isso o esporte e o futebol podem ser facilmente ligados a cosmologias locais. Assim, para Nelson Rodrigues, por exemplo, o escrete nacional do Brasil transforma o povo brasileiro em profeta inspirado e febril, em ávido leitor e ardoroso patriota, dotando-o da capacidade de falar diretamente com Deus sobre os destinos da pátria.

REDEFININDO O CORPO

Tal capacidade faz com que o esporte transforme-se em ritual e produza dramas que, em arenas bem definidas e removidas do mundo diário, abram espaço para muitas revelações. Uma delas diz respeito a um conjunto não habitual de usos e imagens do corpo.

Realmente, no campo de futebol, na piscina ou na pista olímpica, o que se observa e admira não é mais o corpo gasto e maltratado, deselegantemente liquidado pelo trabalho que o controla, corrói, aflige e consome, mas um corpo hígido, aparelhado para desafiar normas, leis naturais, o tempo, o espaço e outros corpos. Um corpo que está em atividade árdua, mas que transforma sua estudada disciplina em eventos repletos de emoção e beleza. No esporte, em contraste com o que ocorre no trabalho industrial, sobretudo em países como o Brasil, onde o trabalho tem uma carga cultural negativa, o corpo relaciona positivamente disciplina obrigatória, exercício sistemático e padronizado com prazer e beleza carismáticos. O esporte reintegra intelecto e ação, mostrando como corpo, alma e, acima de tudo, coração podem marchar lado a lado, o que conduz à mais profunda comoção estética. Tudo isso gerando lucro e atraindo aos estádios massas que esquecem o seu massacrante dia-a-dia nas fábricas, nas favelas e nos bairros insalubres.

Outro elemento que poderia explicar essa definitiva adoção do futebol pelo Brasil é o fato de essa modalidade de *football* ser jogada com os pés e não com as mãos, como ocorre na versão americana deste esporte. Ora, um jogo praticado obrigatoriamente com os pés engendra uma notável imprecisão, mesmo quando um time muito superior joga com um time sabidamente inferior. Se o *football* americano é bastante preciso, desenrolando-se como um jogo tático, aberto a uma hipertecnicalidade e especialização (pois nele existe um time de defesa e outro de ataque), as jogadas são planejadas e exatas; o futebol jogado com os pés apresenta de saída um problema de coordenação motora razoável, qual seja: como fazer com que os pés que servem para andar e correr sejam igualmente um instrumento de condução e controle da bola. Tal prescrição explica o nível de imprevisibilidade que estrutura essa variante futebolística, corroendo planos e táticas, liquidando as especializações (as posições tornam-se intercambiáveis), abrindo, enfim, esse esporte às idéias de sorte, destino e predestinação. Daí a sua imediata ligação com crenças religiosas, algo muito mais raro de ocorrer quando se trata de modalidades esportivas como o voleibol, a natação e o atletismo que são esportes com uma menor dimensão aleatória. Qualquer que seja a força do argumento anterior, um elemento estrutural iniludível, entretanto, permanece. Refiro-me ao fato de que os esportes manuais permitem sua prática com apenas uma das mãos, dado que ambas são sustentadas pelo tronco e este pelas pernas e pés, ao passo que o futebol torna isso impraticável.

Seria possível dizer que os esportes praticados com as mãos exigiriam mais igualdade entre os times, o que — diga-se de passagem — seria coerente com sociedades fascinadas pela racionalidade científica, pela impessoalidade, pela especialização, e com um sistema democrático consolidado? A pergunta fica em aberto como uma sugestão para essas afinidades entre as sociedades e os jogos mais populares e representativos de seus valores.

Mas isso não é tudo, pois o uso exclusivo do pé como um instrumento de controle da bola faz com que ela tenda a correr rente ao chão, anulando ou neutralizando a altura e o grau de robustez física dos jogadores. Esse traço certamente ajudou a popularizar o futebol entre nós, tornando-o um esporte capaz de atrair praticantes de todos os biótipos, rejeitados ou preteridos por outros esportes, como o voleibol, o rúgbi ou o basquete. Outro elemento ligado ao uso do pé é que os pés conduzem a uma subordinação de todo o corpo às pernas, quadris e cintura, essas partes inferiores da anatomia humana que, no caso da sociedade brasileira, são centrais para as danças nacionais como o samba e alvo de um elaborado simbolismo.[15]

Deste modo, fala-se do brasileiro esperto e malandro — aquele que sabe viver e "tirar vantagem de tudo".[16] A pessoa que tem "jogo de cintura". Expressão que se aplica tanto ao político em geral e ao populista em particular. Aquele que é capaz de dar nó em pingo d'água e dar o "pulo do gato" — ou seja, viver positiva e cinicamente as contradições engendradas pelo seu comportamento ou pela conduta do seu partido, tanto quanto o bom jogador de futebol que, sabendo "enfiar a bola por entre as pernas do adversário", define com esse gesto malandro o próprio estilo de praticar tal esporte no Brasil. Pois sabemos que o "futebol brasileiro" representa a si mesmo pelo uso excepcionalmente habilidoso do corpo lido por meio das pernas e dos pés, por oposição dos outros estilos nos quais predomina a chamada "bola alta", que exige o uso da cabeça.

A essa altura cabe uma pergunta. Haveria, neste uso exclusivo dos pés que caracteriza o *football association*, uma relação inconsciente com o jogo de capoeira que os escravos africanos trouxeram para o Brasil? Jogo onde as armas de luta não são os punhos, mas os pés? Gilberto Freyre, que é o único dos intérpretes clássicos da sociedade brasileira a tocar no futebol, responde afirmativamente, salientando no famoso cap. XI de *Sobrados e mocambos* que o pé pequeno do mulato brasileiro ajudava os passos rápidos tanto do samba quanto da capoeira. Samba que o levava para dentro do sistema como dançarino alegre, capoeira que o marginalizava e sinalizava seu lado rebelde. Ambos, contudo apaziguados, como remarca Gilberto Freyre, pelo futebol "dionisíaco" — esse instrumento privilegiado de ascensão do negro e do mulato dentro da sociedade brasileira.

O fato é que esse jogo britânico do "pé na bola" foi reinterpretado no Brasil como a arte da "bola no pé", o que mudou tudo. Num caso a bola é um atrapalho a ser rebatido, despachado ou chutado com o pé que, afinal, foi feito para isso mesmo; no outro, entretanto, descobre-se uma afinidade inusitada entre o pé e a bola que agora tem com esse pedaço do corpo humano uma séria afinidade e uma atração que é uma das marcas mais importantes do futebol brasileiro. Pois por meio dele e, acima de tudo, com ele, a bola transforma-se em objeto feminino e desejável, e o pé transforma-se em instrumento que segura, prende, acaricia, domina, controla, prende e "come" a bola.[17] Se na capoeira o pé (e o corpo que vem com ele) é o instrumento de luta; no futebol à brasileira, ele não é um mero rebatedor ou finalizador, um meio para um fim (levar a bola para dentro do gol adversário), mas se transforma num fim em si mesmo. Num objeto auto-referido e venerado o que resulta num culto de chuteiras como fazem prova as referências nelsonrodriguianas clássicas às nossas chuteiras imortais ou à pátria em chuteiras.

Penso que tudo isso tem a ver com o significado do pé no espaço social brasileiro. Pois o Brasil é uma sociedade onde uma esmagadora maioria — o seu chamado "povo" — usa os pés ao passo que a sua elite usa, quando o faz, somente as mãos. Da sociedade escravocrata do passado ficou a idéia de um corpo pesadamente indexado. Corpo no qual os pés servem de metáfora para o seu lado humilde e inferior, por oposição às mãos e à cabeça. Daí a impressionante quantidade de expressões coloquiais centradas no pé ou tendo nele o seu centro metafórico. Como a parte inferior dos membros inferiores do corpo, o pé está obviamente equacionado à humildade e à subordinação social, mas indica também uma sólida relação com sentimentos positivos e com a realidade: com o chão (que nos limita e segura, mas onde nos firmamos), com a terra (onde nascemos e para a qual um dia iremos retornar), e com tudo aquilo que pode ser o início de algo importante como os "pé de meia", os "pé de conversa", os segredos contados ao "pé do ouvido" e as benfazejas entradas de "pé direito" (como, aliás, fazem quase todos os jogadores de futebol do Brasil quando vão disputar uma partida). Por outro lado, ninguém quer "enfiar os pés pelas mãos", não "chegar aos pés" dos adversários ou, pior que isso, "enfiar o pé na lama (ou na merda)", "sofrer que só pé de cego", "ter os pés de barro" e "perder ou falsear o pé". O ideal é ter os pés leves, lépidos e ágeis que nos facultem "cair em pé" ou caminhar pela vida, enfrentando os obstáculos com os "pés nas costas" e sem "bater com o pé na boca".[18] Assim, se os brancos senhoriais têm as mãos, os negros e mulatos têm os pés. Se os superiores têm riqueza e poder, os inferiores têm o seu corpo com ele, a capacidade de movimentar-se: a agilidade física que se concretiza no samba como uma poderosa metáfora de sagacidade, de sobrevivência esperta e alegre, de malandragem e de jogo de cintura. De um "diz que vai mas não vai" que marca um estilo de navegação social no Brasil. Ademais, as mãos que se dobram raspando o ar, leves e rápidas como as dos gatos, são boas para sinalizar o roubo do alheio e sobretudo do erário público; já os pés — irremediavelmente atados ao chão e à terra — sinalizam os limites e, com eles, a honestidade.

Ora, foi precisamente neste campo simbólico que o futebol penetrou com o seu prestígio elitista de coisa estrangeira. É claramente impossível demonstrar uma associação direta entre o simbolismo do pé no Brasil e a popularidade do futebol. Mas é possível indicar uma afinidade implícita entre um corpo tão marcadamente escravista e diferenciado entre mãos e pés, e um jogo repleto de prestígio no qual esses humildes pés é que balizam os limites do desempenho e do talento.

ESPORTE E FESTA POPULAR

Além de tudo isso, o esporte engendra uma zona intermediária entre a festa popular tradicional (elástica nas suas normas que ninguém a rigor controla ou conhece completamente) que sempre celebrava um elemento exclusivo da vida coletiva: um santo padroeiro que defende e protege, uma data decisiva da vida comunitária, uma profissão estimada ou um herói nacional e o espetáculo erudito (o concerto e o desempenho teatral ou operístico), no qual atores e espectadores estão rigorosa e irremediavelmente separados. Com o advento do esporte, as multidões urbanas podem deleitar-se apreciando não apenas algo exclusivo e unidimensional, centrado num só evento ou pessoa, mas um espetáculo aberto com múltiplas características, no qual os elementos que eventualmente articulam as identidades sociais são constitutivamente duplos, pois no espetáculo esportivo há sempre e inevitavelmente a dualidade entre nós e eles, entre os nossos e os deles. De fato, essa dualidade competitiva imediata é fundacional do esporte. É justamente essa teia de elos que nos unem ao nosso time e nos colocam contra o dos outros que transfiguram o moderno fã (palavra que vem do inglês, *fanatic*, ou seja, o aficionado ardente que perde a cabeça e se confunde com o seu clube, celebridade ou time) em "torcedor". Aquele ou aquela que torce, contorce e retorce o seu corpo para que o seu time seja vencedor. Pois o "torcedor" é quem chora, ri e urra dentro do estádio. Aquele que, de acordo com Nelson Rodrigues, "parece um pobre-diabo, indefeso e desarmado [mas] na verdade (...) pode salvar ou liquidar um time". Aparentemente é o craque que lida com a bola e a chuta. "Mas acreditem", diz Nelson, "o torcedor está por trás, dispondo."[19] E, diríamos nós, provocando, desafiando, desconstruindo e incentivando o seu time. Com isso, o torcedor estabelece com o espetáculo uma relação absolutamente ausente do evento erudito, onde — como diz o crítico musical Henry Pleasants — os reis, príncipes, duques e nobres não estão tocando — ou, no caso do futebol brasileiro, jogando —, mas permanecem quedos e seguros na platéia.[20]

ESPORTE E FUTEBOL NO BRASIL

No Brasil, o esporte como um domínio associado à competição e ao uso desinibido do corpo teve, reitero, no futebol um veículo de notável popularidade. Talvez porque o futebol seja jogado em equipe, o que permite retomar no nível simbólico a idéia de uma coletividade exclusiva, como a de uma casa ou família. Coletividade com a qual se tem relações insubstituíveis de simpatia, "sangue" (ou "raça") e amor.

Nada, a meu ver, fala melhor desta densa relação do que o hino de um dos clubes mais populares do Brasil, o Clube de Regatas do Flamengo — chamado carinhosamente de Mengo pelo povo. Pois neste canto de glória e cidadania, a música afirma: "Uma vez Flamengo, sempre Flamengo/ Flamengo sempre eu hei de ser/ É meu maior prazer/ Seja no mar, seja na terra, seja no ar/ Vencer! Vencer! Vencer!/ Uma vez Flamengo, Flamengo, até morrer!" Nesses versos temos a expressão cabal dos laços complexos que nos enredam ao nosso time de futebol, como se diz no Brasil. Elos que recriam num nível moderno da escolha individual a idéia de coletividade imperativa e coercitiva. Aquela comunidade que, diferentemente da casa e da família, nos engloba voluntariamente, por escolha e decisão, esses elementos básicos do credo individualista e da vida social igualitária.

Pois no processo de socialização brasileiro, processo no qual há um controle muito grande dos pais sobre os filhos, dos mais velhos sobre os mais novos e dos homens sobre as mulheres, a escolha do time de futebol é obrigatória, mas deixada livre e ao sabor dos desejos individuais. Os pais determinam tudo: como dormir, como andar, como sentar, como vestir, como falar, como rezar, com quem casar, que carreira seguir e como votar. Mas o "torcer" é uma área significativamente aberta, deixada ao sabor das preferências individuais. É importante assinalar que se todo brasileiro deve ter uma família, uma casa "onde cair morto", um nome limpo e uma "mãe" honrada para defender e consolá-lo nas agruras do chamado dia-a-dia, ele também tem que ter um "time de futebol". Uma agremiação dedicada ou definida pelo futebol que pratica, destinada a marcar a sua identidade individual para o resto dos seus dias.

Ora, a escolha do time, individualizada e pessoalíssima, talvez seja o campo de uma primeira redefinição da identidade num nível mais amplo, fora das agências promovidas pela casa e pela família. Se, então, a família, através sobretudo da mãe e das empregadas, promove a descoberta de que gostamos de certas comidas e de certos arranjos comestíveis (por exemplo: o bife bem-passado, o feijão em cima do arroz, o peito de frango...), que dormimos bem ou mal, que somos estudiosos ou vadios, mais ou menos religiosos, alegres ou tristes, que "puxamos" a fulano ou sicrano; é o "futebol", entendido como um fato social total no sentido maussiano do termo, a agência que abre a primeira porta para o mundo público. Esse mundo da rua marcado e definido pela impessoalidade dura da economia, do mercado, da política e da lei. É sem dúvida o "futebol" como uma categoria social genérica e difusa: como um emblema, cores, camisa e, obviamente, certos jogadores, que nos conecta ao mundo público numa dimensão que é a um só tempo, nacional e cívica. Dimensão situada além da casa e da família, mas certamente aquém da categoria ocupacional, do partido político e da classe social. Um nível que classifica, mas que, por oposição às esferas do trabalho e da política (essas coisas da "vida real"), tem uma dinâmica reversível e fluida. No trabalho e na "vida" estamos limitados: somos apenas isso ou aquilo, homens ou mulheres, jovens ou velhos, ricos ou pobres, burros ou inteligentes, malandros ou trouxas, estudiosos ou vadios... Mas através do nosso time de futebol temos a oportunidade de experimentar, regularmente, tanto a vitória que glorifica e exalta quanto a derrota que frustra e deprime. Vale dizer: o elo com o time de nossa escolha promove uma vivência social dinâmica e fluida o que contrasta de modo profundo com o viés hierárquico do sistema brasileiro que tende a consolidar as experiências como fatos permanentes, naturais e até mesmo imutáveis. Com o futebol, então, experimentamos alternadamente a inteligência e a estupidez, a esperteza e a pasmaceira, a fraqueza e a força, o que produz não somente a vivência de um mundo mutável, mas a experiência da sociedade capaz de proporcionar reversões significativas no plano das definições e classificações coletivas.

AS DRAMATIZAÇÕES DO FUTEBOL

Todas essas dimensões fazem com que o futebol seja uma importante agência de dramatização da sociedade brasileira. Primeiro, porque ele é um formidável código de integração social. De fato, é o futebol que ajuda uma sociedade tão segmentada e dividida internamente a afirmar-se como capaz de atuar de modo coordenado, como uma corporação (ou time) e de eventualmente vencer. Ora, essa experiência com uma organização coletiva, com a qual podemos nos identificar abertamente e que opera integrada para nosso deleite e benefício, é muito rara no mundo diário brasileiro, um universo onde as instituições públicas estão há décadas desmoralizadas por práticas sociais clientelistas, ideológicas e personalistas desconcertantes. Uma segunda dimensão do futebol como força integrativa é a sua capacidade de proporcionar ao povo, sobretudo ao povo pobre, enganado, mal-servido pelos poderes públicos — povo destituído de bens e, pior que isso, de visibilidade social e cívica —, a experiência da vitória e do êxito. Essa vitória que o mundo moderno traduz com a palavra mágica chamada "sucesso" e que o sistema social hierarquizado e concentrador de riqueza do Brasil faz com que poucos possam experimentar. Mas através do "jogo de futebol" as massas brasileiras podem experimentar vencer com o seus times favoritos. Sentem e vivem, então, que o seu desempenho no estádio como torcida — como platéia sofredora que se dá sem reservas ao seu clube e heróis — produz resultados palpáveis e vitórias arrebatadoras. Essa vitória que a massa, perpetuamente iludida por governantes desonestos, efetivamente desconhece no campo da educação, da saúde e, acima de tudo, da política.

Finalmente, o futebol proporciona à sociedade brasileira a experiência da igualdade e da justiça social. Pois produzindo um espetáculo complexo, mas governado por regras simples que todos conhecem, o futebol reafirma simbolicamente que o melhor, o mais capaz e o que tem mais mérito pode efetivamente vencer. Que a aliança entre talento e desempenho pode conduzir à vitória inconteste. E, melhor que tudo, que as regras valem para todos. Para os times campeões e para os times comuns, para ricos e pobres, para negros e brancos, para homens e mulheres, para jovens e idosos, nacionais e estrangeiros e, no nosso caso, para os vivos e os mortos. Neste sentido profundo, portanto, o futebol nos dá uma potente lição de democracia, pois conforme sabemos, vendo nosso time jogar, as leis têm que ser obedecidas por todos, são universais, são transparentes e há um juiz que as representa no calor da disputa. No futebol, portanto, não há golpes. Tal afirmação das regras do jogo conduz a uma alternância entre vitoriosos e perdedores que, projetada na vida social, é a base da mais autêntica experiência democrática. Se, então, o cotidiano nos impinge poderosos que jamais trocam de lugar, o futebol nos apresenta um espetáculo no qual vencedores e perdedores se alternam sistematicamente. Aprende-se, pois, que a alternância na glória é a glória da alternância — base da igualdade e da justiça modernas.

Para mim, essa é a mais bela lição de igualdade que um povo massacrado pela injustiça pode receber. Ora, é precisamente por ter essa capacidade de juntar o formal com o informal, as leis com a realidade, que no Brasil — e, de resto, em todo o chamado "Terceiro Mundo" — o futebol se transformou num campo imbatível de todo tipo de emoções.

No caso brasileiro, foi indiscutivelmente através do futebol, como já afirmei, que o povo pôde finalmente juntar os símbolos do Estado nacional: a bandeira, o hino e as cores nacionais, esses elementos que sempre foram propriedade de uma elite restrita e dos militares, aos seus valores mais profundos. Ainda é o futebol que nos faz ser patriotas e que permite que amemos o Brasil sem medo da zombaria elitista que, conforme sabemos, diz que se deve gostar somente da França, da Inglaterra, da Rússia, de Cuba ou dos Estados Unidos e jamais do nosso país.

Além disso, o futebol institui aberta e legitimamente a malandragem como arte de sobrevivência e o jogo de cintura como estilo nacional. Mas sem excluir a capacidade de jogar com técnica e força, honrando — ademais — todas as regras.

Foi, portanto, com o futebol que conseguimos no Brasil somar o Estado nacional e a sociedade. E assim fazendo, sentir pela avassaladora e formidável experiência de vitória em cinco Copas do Mundo a confiança na nossa capacidade como povo criativo e generoso. Povo que podia vencer como país moderno e que podia finalmente cantar com orgulho o seu hino e perder-se emocionado dentro do campo verde da bandeira nacional.

NOTAS

1 – Nunca é demais lembrar que o verbo "trabalhar" vem de *tripaliare*: martirizar com o *tripalium*, um instrumento de tortura. Uma espécie de canga usada para supliciar escravos e criminosos. Já dizia Sérgio Buarque de Holanda relativamente a esse assunto: "Um fato que não se pode deixar de tomar em consideração no exame da psicologia desses povos [português e espanhol] é a invencível repulsa que sempre lhes inspirou toda a moral fundada no culto ao trabalho." E um pouco mais adiante: "É compreensível (...) que jamais se tenha naturalizado entre gente hispânica a moderna religião do trabalho e o apreço à atividade utilitária." E mais além: "O que entre elas predomina é a concepção antiga de que o ócio importa mais do que o negócio e de que a atividade produtora é, em certo sentido, menos valiosa que a contemplação e o amor" (*Raízes do Brasil*. Rio de Janeiro: José Olympio Editora).

2 – No livro *Águias, burros e borboletas: um estudo antropológico do jogo do bicho*. Rio de Janeiro: Rocco, 1999.

3 – Nicolau Sevcenko aprecia algumas dessas mudanças no seu ensaio: "A capital irradiante: técnica, ritmos e ritos do Rio", cap. 7 no vol. 3 da *História da vida privada no Brasil*. São Paulo: Cia. das Letras, 1998. Veja também Victor Andrade de Melo, "Mar e remo no Rio de Janeiro do século XIX", *Estudos históricos: esporte e lazer*, nº 23, 1999-2001. O grande Joaquim Nabuco, que percebeu a escravidão como um sistema cultural ou fato social total, diz no seu magistral *O abolicionismo*: "O nosso caráter, o nosso temperamento, a nossa organização toda, física, intelectual e moral, acham-se terrivelmente afetados pelas influências com que a escravidão passou trezentos anos a permear a sociedade brasileira. A empresa

de anular essas tendências é superior, por certo, aos esforços de uma só geração, mas enquanto essa obra não estiver concluída o abolicionismo terá sempre razão de ser."

4 – Em relação a essa questão, é significativa essa confidência de Lima Barreto, admitindo irônica e francamente sua ignorância da novidade moderna que era o campo do esporte e da educação física: "Confesso que, quando fundei a Liga Brasileira contra o Futebol, não tinha, como ainda não tenho, qualquer erudição especial no assunto (...). Nunca fui dado a essas sabedorias infusas e confusas entre as quais ocupa lugar saliente a chamada 'pedagogia'; e, por isso, nada sabia sobre 'educação física' e suas teorias, nas quais os sábios e virtuosos cronistas esportivos teimam em encaixar o esporte" (Lima Barreto, *Marginália: artigos e crônicas*. São Paulo: Brasiliense, 1956, p. 71). Curioso que tal problema tenha repercutido em José Lins do Rego, um dos fundadores da reflexão sistemática entre o futebol e a sociedade brasileira, num estilo de crônica que vazava o evento esportivo, tomando-o como expressão, sintoma, sinal ou exemplo de alguma coisa socialmente importante como um autor célebre, um axioma moral, a índole de um povo, um amigo ilustre, o universo político ou algum pedaço do Brasil, como ocorre em grande escala nos escritos de Nelson Rodrigues e Armando Nogueira e também com Jacinto de Thormes (Maneco Müller). Assim, numa crônica sobre o corpo e o papa, publicada no *Jornal dos Sports*, em 1945, José Lins termina sugerindo: "Louvando o apronto do corpo nos exercícios, o Santo Padre louva o esplendor da maioria do bom Deus" (cf. José Lins do Rego, *Flamengo é puro amor*. Rio de Janeiro: José Olympio Editora, 2002). Jacinto de Thormes escreveu crônicas memoráveis sobre a fragilidade de Garrincha, metaforizado como passarinho, e Armando Nogueira no livro *A ginga e o jogo*, Rio de Janeiro: Objetiva, 2003, experimenta talvez mais do que nenhum outro uma visão poética do futebol e da bola.

5 – Mário Filho, *O negro no futebol brasileiro*. Rio de Janeiro: Civilização Brasileira, 1964. Veja-se também o pioneiro estudo de Anatol Rosenfeld, *Negro, macumba e futebol*, São Paulo: Perspectiva, 1993.

6 – Veja Francisco de Assis Barbosa, *A vida de Lima Barreto*. Rio de Janeiro: Livraria José Olympio Editora/MEC, 1975.

7 – Cf. Wilson Martins, *História da inteligência brasileira*, vol. VI (1915-1933). São Paulo: T. A. Queiroz editor, 1996. A opinião de Herbert Spencer aparece no livro *Facts and Comments*, publicado em 1902. Dois anos depois, Thorstein Veblen, no seu pouquíssimo lido *Teoria da classe ociosa* (São Paulo: Pioneira, 1965), segue essa linha negativa relativamente ao esporte, classificando-o como uma "sobrevivência moderna da proeza", no cap. X do livro citado. Ali, ele diz como o esporte é um resíduo de uma "cultura

bárbara primitiva", de um "temperamento combativo", de "hábitos de ferocidade" e de "constituição espiritual arcaica" que se comprazem num mundo de "faz-de-conta" inventado nestas atividades fúteis, predatórias e ferais (cf. Veblen, p. 228, 231, 233, 234 e 237), num conjunto de argumentos que lembram as teses civilizatórias, neo-evolucionistas e freudianas de Norbert Elias. Para essa linha interpretativa, o esporte seria uma manifestação retardada de hábitos primordiais e de instintos primitivos que, de algum modo, a civilização tenta sublimar, reprimir e apagar. Neste contexto, vale constatar a ausência de observações sobre o esporte na obra dos sociólogos, algo que certamente confirma, ontem como hoje, o seu elitismo e descaso pelos campos, quadras e piscinas. Assim, Weber nada diz deles e, no entanto, nada seria mais aplicável à sua teoria do carisma do que a imagem de certos ídolos esportivos. Do mesmo modo, Durkheim teria um material fabuloso para sua teoria da "efervescência ritual" que dissolve consciências individuais, se tivesse posto os pés num estádio.

8 – A cegueira de Lima Barreto é emblemática e pode ser tomada como o cume de uma montanha com muitos patamares, cada qual feito de outros formadores de opinião naquele momento e contexto. Ela revela que as pessoas, tal como ocorre com as sociedades e as ideologias, não operam de modo uniforme e linear, percebendo com lucidez todas as dimensões da realidade. Assim, mesmo quando o Vasco da Gama sagrava-se campeão carioca, com um time repleto de jogadores negros, abrindo caminho para um processo de ascensão social importante, o escritor continuava a fazer carga contra as dimensões sociais que o futebol mobilizava. Veja-se sobretudo as crônicas de Lima Barreto, reunidas nos livros *Marginália, coisas do reino de Jambon*, *Vida urbana* e *Bagatelas* (*Obras Completas*, São Paulo: Brasiliense, 1956). Mitificando corretamente esse período, e certamente fazendo eco das palavras de Lima Barreto, diz Nelson Rodrigues da torcida feminina, numa de suas crônicas: "Naquele tempo tudo era diferente. Por exemplo: — a torcida tinha uma ênfase, uma grandiloqüência de ópera. E acontecia esta coisa sublime: — quando havia um gol, as mulheres rolavam em ataques. Eis o que empobrece", conclui Nelson Rodrigues, "o futebol atual: — a inexistência do histerismo feminino." Numa outra crônica, Nelson fala do suborno dos juízes que "se vendiam por um maço de cigarros". Com isso ele estava enfatizando essa ausência de isenção, típica do esporte e, por extensão, da sociedade democrática, onde os jogos (e as eleições, deixe-me acrescentar) transcorrem normal e honestamente (cf. Nelson Rodrigues, *À sombra das chuteiras imortais: crônicas de futebol*. São Paulo: Cia. das Letras, 1993. Veja também *A pátria em chuteiras*. São Paulo: Cia. das Letras, 1994. Em ambos os livros, são selecionadas crônicas publicadas entre 1955 e 1978). Em termos da estrutura do próprio futebol, a igualdade se manifesta concretamente quando liquida o

"amadorismo", esse último bastião do bom nome de família e do preconceito racial que bloqueava os negros de uma dedicação integral ao futebol. O advento do profissionalismo foi o momento decisivo de uma transformação igualitária, abrindo as portas do futebol a todos que tivessem talento e não apenas a cor adequada, e o prestígio pessoal e familiar. Na campanha do profissionalismo, a sociedade encontra por si só o caminho do mercado e, por meio dele, do desempenho como um valor. José Lins do Rego dedica pelo menos 12 crônicas a essa questão entre 1948 e 1957. O cronista é claramente favorável ao amadorismo e adverte os jogadores de que poderiam mudar de clube (sobretudo do Flamengo) por dinheiro. Fala também do risco da auto-importância (chamada naquela época de "máscara"), admoestando os crescentes e inevitáveis negócios envolvendo a "compra" e "venda" de jogadores de futebol (cf. José Lins, 2002: 50, 63, 74, 76, 90, 96, 120, 127, 131 e 137).

9 – Coelho Neto foi quem mais se destacou nesta posição de entusiasmo quase místico pelo esporte, pela educação física e pelo futebol. Entusiasmo, aliás, que era vivido pois — como se sabe — foi praticante de capoeira. Era, ademais, pai de João Coelho Neto, apelidado de "Preguinho", um craque do selecionado brasileiro que, em 1930, disputou a primeira Copa do Mundo no Uruguai. Olavo Billac, por seu turno, defendeu o serviço militar obrigatório — o universalismo do Estado junto ao corpo e à alma dos seus jovens adultos, contra a casa e a família —, os esportes e a educação física como hábitos a serem nacionalmente difundidos — medidas fundamentais de "higiene social" destinada a "limpar a raça" mestiça do Brasil. Dentro desta lógica ele apóia o futebol e lê as festas populares como, por exemplo, a festa da Penha no Rio de Janeiro, um objeto deslocado. Assim, tal como repetiria o crítico literário Roberto Schwartz anos depois, Billac vê essa festa como uma ridícula prova de comportamentos fora do lugar. Assim ele diz que tal "espetáculo de desvairada e brutal desordem ainda [seria compreensível] no velho Rio de Janeiro de ruas tortas, de betesgas [= rua estreita], de becos sórdidos. Mas no Rio de Janeiro de hoje o espetáculo choca e revolta como um disparate..." (cf. *Revista Kosmos*, nº 3, outubro de 1906). O jovem historiador Leonardo Affonso de Miranda Pereira faz um apanhado destes intelectuais no ensaio, "O jogo dos sentidos: os literatos e a popularização do futebol no Rio de Janeiro", capítulo 8 de *A história contada*. Rio de Janeiro: Nova Fronteira, 1998. Em 1945, José Lins do Rego dedicou pelo menos duas crônicas ao barão do Rio Branco no *Jornal dos Sports* (cf. 2002:32 e 39).

10 – Interessante observar, como prova desta penetração e deste sucesso, que, no Brasil, tenha se difundido o chamado "time de botão" que todo menino obrigatoriamente possui num dado momento de sua infância. Com

esses times, cujo dono é tudo (dono do time, presidente do clube, técnico, juiz, bandeirinha e craque), fazem-se campeonatos tão emocionantes quanto os que se decidem no campo. E, melhor que isso, os meninos brasileiros brincam de "donos de time", sendo simultaneamente cartolas, técnicos, juízes, fabricantes de jogadores, torcida, gandulas e craques. Curioso que, até onde sei, ninguém tenha dado atenção a esse fenômeno e ao seu poderoso simbolismo aliciador de simpatias para os grandes clubes nacionais.

11 – Cf. Louis Dumont, *O individualismo: uma perspectiva antropológica da ideologia moderna*. Rio de Janeiro: Rocco, 2000.

12 – Cf. "Tempo, disciplina de trabalho e capitalismo industrial", publicado como cap. 6 do livro *Costumes em comum: estudos sobre a cultura popular tradicional*. São Paulo: Cia. das Letras, 1991.

13 – Cf. Marshall Sahlins, *Cultura e razão prática*. Rio de Janeiro: Zahar, 1979.

14 – Veja-se *A grande transformação: as origens da nossa época*. Rio de Janeiro: Campus, 1980.

15 – "Quem não gosta de samba/ Bom sujeito não é/ É ruim da cabeça/ Ou doente do pé." Os versos de Dorival Caymi revelam a equação: pé = ritmo = brasilidade = malandragem. Numa definição "real", autêntica e popular do Brasil, uma conceituação realizada pela alegria de viver, os índices econômicos negativos são englobados pelo corpo e pela música que fala e tem como tema esse corpo. Deste modo, no carnaval e em muitas outras atividades populares, o corpo é englobado por suas partes inferiores. Nos "esportes manuais", predomina a divisão bakhtiana entre o "acima" e o "abaixo" da cintura como hemisférios respectivamente positivo e negativo do corpo. No futebol, essa relação — esse é o ponto — é invertida (cf. o cap. II do meu *Carnavais, malandros e heróis* e, naturalmente, Mikhail Bakhtin, *A cultura popular da Idade Média e no Renascimento*. São Paulo: Hucitec, 1987).

16 – Significativamente para o que estou discutindo nesta parte, esta frase foi celebrizada num anúncio feito por Gerson, um jogador de futebol da nossa imortal seleção que ganhou o tricampeonato em 1970.

17 – Bola que para nós, brasileiros, é um objeto fundamentalmente feminino, redondo, desejável, autocontido no seu modo de ser, imprevisível e caprichoso como uma mulher ou estado mental, pois quem não é bom da bola ou é capaz de dar bons tratos à bola é louco ou irresponsável, pessoa sem juízo. Bola que é também o mundo, o dinheiro escuso que convence a realização de alguma coisa ilegal ou proibida e olhar convidativo ou sedutor de alguém. Nos Estados Unidos, a bola se refere basicamente aos

testículos, sendo masculina. Armando Nogueira fez uma original tentativa de definir o estilo de alguns jogadores por seu relacionamento com a bola (cf. *A ginga e a bola*).

18 – O *Dicionário Aurélio* arrola mais de 70 metáforas centradas no pé; e Câmara Cascudo, no seu indispensável *Dicionário do folclore brasileiro*, dedica página e meia aos vários sentidos e usos dos pés entre nós.

19 – Cf. Nelson Rodrigues, *op. cit.*; p. 49 ss.

20 – É preciso novamente observar que Nelson Rodrigues foi o primeiro cronista a notar essa "aristocracia" de celebridades feitas no e pelo futebol. Por levar a sério o esporte e a cultura popular, ele viu como nenhum outro essa inversão carnavalesca (e/ou hierárquica) que fez com que a elite tivesse preconceito contra o negro, o pobre e o mulato, em casa, na rua e no trabalho, mas de modo inversamente proporcional a esse descaso admirasse e amasse esses mesmos pretos e mulatos quando eles se transfiguravam em nobres dentro do campo de futebol. Assim, para Nelson Rodrigues, Didi foi um autêntico príncipe etíope. E foi também ele quem batizou Pelé de rei numa crônica escrita em 1958 (cf. Nelson Rodrigues, *op. cit.*, p. 42 ss). No caso da música ocorre o mesmo, pois quem canta e toca são os Nat "King" Cole, os "Duke" Ellingtons e os "Count" Basies...

EM TORNO DA DIALÉTICA ENTRE IGUALDADE E HIERARQUIA: NOTAS SOBRE AS IMAGENS E REPRESENTAÇÕES DOS JOGOS OLÍMPICOS E DO FUTEBOL NO BRASIL*

Em 1984, graças à diligência e ao verdadeiro espírito olímpico de meu colega e amigo John MacAloon, da Universidade de Chicago, tive a oportunidade de testemunhar os Jogos Olímpicos de Los Angeles.[21]

A originalidade do projeto era proporcional a um problema não discutido: o que "observar" e, posteriormente, escrever relativamente a esse grande evento esportivo. Antropólogos sabem ou "sabiam" — devo admitir, dado as condições lamentáveis de invenção da roda e de descoberta do fogo por uma certa antropologia pós-moderna — escrever sobre povos exóticos, costumes curiosos, rituais bizarros e tribos indígenas, para os quais inventaram várias receitas que dizem o que falar, como falar e de onde falar. Mas os Jogos Olímpicos nos colocavam diante de uma esfera dominada por outros discur-

---

* A primeira versão deste trabalho foi publicada em inglês, com o título de "Hierarchy and Equality in Anthropology and World Sport: A Perspective from Brazil", no livro, *The Olympics and Cultural Exchange*. Shin-yo Kang, John MacAloon e Roberto DaMatta (organizadores), Seul, Coréia: Instituto de Estudos Etnológicos da Universidade de Hanyang, em 1987. Uma segunda versão, revista e modificada, foi publicada no nº 14 de *Antropolítica: Revista Contemporânea de Antropologia e Ciência Política* da Universidade Federal Fluminense, no seu nº 14, 1º semestre de 2003.

sos profissionais, entre os quais avultava o dos chamados "jornalistas esportivos" e isso contribuía enormemente para nos tornar inseguros como adolescentes e mudos como estátuas.

O modo, digamos, usando todas as aspas, "clássico" de escrever antropologicamente se fazia escolhendo alguma coisa, pessoa, relação ou instituição que surgia como estranha, esquisita, irracional ou — usemos a fórmula um tanto etnocêntrica do crítico literário Roberto Schwarz — "fora de lugar". Algo que por feitio e definição era classificado como distante e opaco — possessão, totemismo, uluri, classificação fora do comum de certos parentes consangüíneos, totens, ausência de igreja ou de sacrifício, canibalismo, magia, clientelismo, rituais orgiásticos — e que escapava do nosso entendimento.[22]

Assim, dentro da "tradição antropológica", sabíamos exatamente o que observar, mas o que "antropologicamente" destacar diante de um festival esportivo moderno, globalizado e de massa como os Jogos Olímpicos? Um evento tão "nosso" a ponto de somente provocar emoções (quem vai vencer ou perder, que recordes serão batidos, que países irão ocupar os primeiros lugares e conquistar o maior número de medalhas de ouro, que marcas de sorvete ou sabonete irão vender), jamais curiosidade ou razoável estranhamento sociológico e intelectual.

De fato, observar os Jogos Olímpicos era estar enjaulado no que se pode chamar de "maldição de Geertz" já que ali só tínhamos o "ponto de vista nativo" (cf. Geertz, 1983), o que conduzia a discussões sobre imperialismos de países e a demonização do *mass media*, no seu uso abusivo do esporte para propósitos de marketing de certos produtos e promoção política, sobretudo de formas crassas de nacionalismo. Temas que, apesar de sua importância, não apresentavam nenhuma novidade política ou sociológica. Realmente, bastava ligar a televisão ou ler os jornais para constatar a discussão dessa problemática. E o mais grave era a consciência de que, nesse tipo de especulação, os jornalistas eram melhores e estavam obviamente muito mais bem informados que nós.

A mim, pelo menos, parecia uma arrogante ingenuidade passar três semanas em Los Angeles para, no final, produzir uma "Antropologia dos Jogos Olímpicos" que, a despeito do nome pomposo, repetia formulações feitas pelos jornalistas sobre o poder do dinheiro e da indústria de comunicação de massa, como expressões vigorosas de um capitalismo tentacular cujo objetivo era o de transformar cidadãos em bonecos — ou *props* (suportes, máscaras, cenários) —, como dizia um dos membros do nosso grupo.

O que, então, observar e discutir? Como contextualizar e emoldurar de uma perspectiva sociológica, crítica e comparativa a experiência dos Jogos Olímpicos?[23] Que caminho seguir para justificar a minha presença como antropólogo naquele evento fundamental da vida esportiva e do mundo moderno, um evento cujo estudo antropológico se contava nos dedos?

Procuro responder a essas questões nas páginas que seguem. Nelas, tento compreender por que os esportes olímpicos e a própria idéia de Olimpíada não despertam muito entusiasmo no Brasil, em contraste com o que ocorre com a "Copa do Mundo" que, como diz a música, "é nossa!".

Assim sendo, o primeiro objetivo deste ensaio é discutir o espaço simbólico dos Jogos Olímpicos e da Copa do Mundo de Futebol na sociedade brasileira. Para tanto, faço uma pergunta simples, direta, mas crucial: Por que as Olimpíadas não são capazes de capturar a nossa imaginação e o nosso entusiasmo do mesmo modo que a Copa do Mundo?[24]

Na tentativa de responder a essas questões apresento uma crítica da visão universalista e linear da esfera do esporte e examino algumas questões que considero básicas para uma sociologia comparativa do esporte. Focalizo de modo especial a dialética do individualismo e da hierarquia, porque acredito que ela ajuda a pôr em foco o significado do esporte e, no caso, de certas competições esportivas, sem, entretanto, partir de um ponto de vista universal e essencialista relativamente a essa esfera da vida social.

II

Um dado trivial nas "sociologias do esporte" produzidas por pesquisadores do mundo anglo-saxão e europeu ocidental é a sua parcial ou total incapacidade de distinguir os significados locais ou nacionais de certas modalidades esportivas. Universalistas, esses pesquisadores — mesmo quando focalizam o esporte (ou alguma modalidade esportiva) a partir de sua coletividade — assumem que o "esporte" tem um mesmo sentido, exprimindo um conjunto comum de dramatizações sociais. O fantasma de um velho e pouco falado "etnocentrismo" (ou "sociocentrismo") ressurge claramente quando o fenômeno a ser estudado não é mais algo que só o estudioso conhece (como um período histórico específico ou uma sociedade amazônica ou africana), mas faz parte de nossa experiência diária (como um jogo de basquete, tênis ou futebol), porque não se pode passar por cima dos significados específicos que o esporte assume em lugares diferentes.

O que se observa nitidamente na paisagem das sociologias do esporte, então, é uma transformação implícita do local em universal. De fato, o clamor teórico é tanto mais grandioso quanto mais o pesquisador dilata a experiência local — americana, francesa, italiana ou inglesa —, tomando-a como base para algo que seria essencial ou intrinsecamente humano. Que isso não seja dito com todas as letras não importa muito. O fato é que autores do chamado "Primeiro Mundo", os que praticam a arte de teorizar sociologicamente, raramente qualificam suas sociologias do esporte (ou do mito, do ritual, da família ou da economia) como sendo locais ou tendo como alvo discernir as suas singularidades naquele lugar, contexto ou situação. Conseqüentemente, o que ocorre na sociedade do observador é projetado como um traço, disposição ou tendência de toda a espécie humana.

O resultado desta, digamos, "predisposição cultural" (ou ideológica) é que o mundo fica muito parecido (em motivação, interesse e modo de atuação) com os "países desenvolvidos" ou com as chamadas "democracias consolidadas", o que faz com que certos esportes sejam tomados como expressões implícitas ou explícitas de "verdades" universais.

Para os propósitos desta discussão, será suficiente tomar dois exemplos desse universalismo assumido ou postulado e de como ele impede uma visão mais precisa do campo esportivo como uma forma privilegiada de sociabilidade e cultura. O primeiro é o livro *The Joy of Sports* (Basic Books, 1976), escrito pelo moralista americano Michael Novak; o segundo é o conjunto de ensaios reunidos por Norbert Elias e Eric Dunning, cujo expressivo título (para o que estou denunciando aqui) é *Quest for Excitement: Sport and Leisure in the Civilizing Process* (Basil Blackwell, 1986; tradução portuguesa da editora Difel, 2002).

Tomemos primeiramente o livro de Novak, uma obra cujo marco paradigmático é a história social dos Estados Unidos.

A despeito da extraordinária originalidade e da perspectiva fenomenológica que, em muitos aspectos, lembra a *démarche* de Nelson Rodrigues,[25] Novak reduz o esporte a uma modalidade de religião. No momento, não cabe avaliar essa trivial modalidade de "resolução sociológica" baseada na redução de uma dimensão social a outra. A magia já foi reduzida a uma ciência primitiva; rituais foram lidos como repetições neuróticas ou como expressões de misticismo; laços e termos de parentesco foram interpretados em suas matrizes biológicas, essenciais e de "sangue"; e o esporte foi lido como uma sublimação para pulsões agressivas e guerreiras, do mesmo modo que Novak o toma como uma modalidade de religião. Só que com isso não se resolve o problema, pois fica-se com a tarefa de explicar a dimensão social para a qual a atividade em foco foi reduzida.

Se o esporte pode ser reduzido à religião, como quer Novak, temos agora que lidar com o que é "religião". Por que abandonar as formas regulares de entrar em contato com o sagrado — com as liturgias, preces, oferendas e uma hagiologia estabelecidas — para "religar" por meio do espetáculo esportivo, onde o público, diferentemente da esfera religiosa — eis um ponto não considerado por Novak —, é a um só tempo fiel e celebrante, influenciando decisivamente no resultado do evento-jogo-competição-ritual?

Neste sentido, o que mais chama a atenção em *The Joy of Sports* é a questão tipicamente americana de entender por que e como algo tão antiutilitário, expressivo, auto-referido como o esporte organizado, pode dominar a atenção e, em certos momentos, englobar (e englobar forte e apaixonadamente) a identidade de acadêmicos como Michael Novak. Se o livro, então, tem como alvo manifesto o universo esportivo, o seu objetivo real é, entretanto, compreender o fascínio que faz com que um time de beisebol como os Dodgers ("dodger" significa aquele que sabe evadir-se com destreza, aquele que foge fundado no truque e na malandragem) ou um time de futebol como o Notre Dame (onde, por sinal, Novak estudou) tire do sério (domine a consciência, perturbe o tonos emocional e redefina a identidade) um bem-acabado acadêmico. Um sujeito que, no contexto da cultura acadêmica americana, deveria estar menos preocupado com as vulgaridades do mundo prático-real e — o que talvez dê no mesmo — mais voltado para as coisas de sua especialidade e da "alta cultura".[26]

Não surpreende, portanto, que Novak tome a visão de mundo americana como base e fale de sua experiência com o *baseball* e com o *football* (o futebol que os americanos consideram real) por meio de um viés apocalíptico, bíblico-cívico, bem no estilo estadunidense de comentar as coisas da vida, na linha da atitude: o que é nosso é mundial e, por suposto, natural e moralmente exemplar. É isso que justifica (e explica) a nossa adoração por uma atividade antiprática que, como ocorre com a arte, é inteiramente auto-referida e autocontida.

Se o livro é admirável como uma perspectiva pessoal do contexto esportivo americano visto por um nativo, ele é, por isso mesmo, revelador de uma visão ingênua, se não francamente insensível ao sentido (ou sentidos) de certos esportes em outros países, lugares, situações e contextos.

É o que ocorre com o nosso "futibol", discutido por Novak junto com o hóquei, sem, em momento algum, falar de aspectos que qualquer brasileiro tomaria como parte importante desta modalidade esportiva, como o fato crítico de ela ser também (e principalmente) um "jogo".

Conforme veremos mais adiante, na América do Sul em geral e, no Brasil, em particular, o futebol é considerado um jogo e, como tem mostrado os estudos de Eduardo Archetti, tipicamente masculino. Talvez essa concepção que adiciona ao esporte elementos aleatórios e probabilísticos (conforme tenho acentuado nas minhas observações) seja o principal obstáculo a impedir o seu uso abertamente político ou ideológico. Mas Novak, lendo-o somente através da ótica puritana (que coloca religião e — sejamos weberianos — ascetismo laico em todas as esferas da vida), diz que o futebol é um esporte que pode ser praticado indiferentemente por homens e mulheres (cf. Novak, 1976:96).

Eis uma declaração esdrúxula já que, no Brasil, apesar dos progressos e variações locais e regionais, continuamos a afirmar que "futebol é jogo pra homem!". Claro que mulheres também jogam futebol no Brasil, mas sofrem apupos da torcida, criam um evento com tonalidades irreais e carnavalescas e, mais revelador talvez que tudo isso, são obrigadas a proceder como "homens", sendo englobadas por um conjunto de posturas "masculinas", tal como esse "masculino" é concebido na arena futebolística brasileira.[27]

O caso de Norbert Elias é mais complexo, mas vale assinalar sua convicção igualmente universalista que o esporte moderno é uma atividade humana controladora dos instintos e de uma violência original e primitiva, sendo, portanto, um instrumento inibitório, sublimador e freudianamente "civilizador". Sua abordagem do mundo esportivo segue paralela e serve como ilustração para o que denomina de "processo civilizatório", uma progressão na qual "modelos sociais de conduta e sensibilidade, particularmente em alguns círculos das classes sociais altas, começam a transformar-se muito drasticamente, numa direção específica, desde o século XVI em diante" (cf. Elias, 1992:41).

Que direção é essa? Para qualquer antropólogo versado em evolucionismo, a resposta é clara: trata-se de um "aperfeiçoamento" da vida emocional no sentido da inibição de motivos pessoais, relacionais e contextuais que começam a ser governados por um conjunto de normas fixas e universais — isto é, aplicáveis a todas as pessoas e situações. Nas palavras de Elias, normas orientadas para um rigor, uma abrangência e uma moderação dos "excessos da autopunição" e da "autocomplacência". É isso que Elias define, invocando Erasmo, como "civilidade".

O ponto de vista comparativo, ausente em Elias, ajuda a ultrapassar essa perspectiva. Mesmo porque o domínio do esporte segue apenas em parte esse movimento de controle, quando libera, invertendo as regras, precisamente os excessos emocionais que para Elias seriam apanágios do "processo civilizatório". Isso para não falar da dificuldade de encaixar no modelo sociedades constituídas por outras tradições culturais, nas quais é complicado separar nitidamente cerimonial de esporte, religião de lazer e ritual de vida social rotineira.

Apesar do etnocentrismo evolucionista, Elias tem a virtude de focalizar sua investigação historicamente e de realizar uma pergunta crucial: por que os esportes modernos têm sua origem na Inglaterra?

Sua resposta assume que os jogos competitivos restringem a violência — o que me parece um erro, mas tomam como foco a história política. Ainda que de inspiração hobbesiana, a narrativa de Elias é simples, atraente e precisa. O universo violento e sedicioso da sociedade inglesa, quando da passagem do poder absoluto do rei para um Parlamento democrático, equivale num plano mais abstrato a aceitação de regras fixas, válidas para todos, capazes de sustentar uma paz social duradoura. Há, para ele, um paralelo entre o debate parlamentar e o confronto esportivo. O seu denominador comum seria a capacidade de controle da violência por meio do que chama de "tensão mimética" e "controlada" (cf. Elias, 1999:72; e também o cap. IV), graças a um conjunto de regras. Com isso, uma universal "busca de excitação" (ou de um aristotélico "entusiasmo") que seria parte da natureza humana encontraria um lugar privilegiado (porque controlado e contido por normas) de sorte a aliviar as tensões engendradas pela operação das normas civilizatórias. O modelo, diga-se o mínimo, é tipicamente funcional e utilitarista. A pulsão emocional contida (e engendrada) por normas de civilidade extravasa no campo do esporte, onde finalmente se legitima, um tipo especial de excitação mediadora dos confrontos entre o prazer e a sua restrição (cf. Elias, 1999:244).

Tal como ocorre com Novak relativamente aos Estados Unidos, Elias não ultrapassa o plano do esporte e do futebol, tal como ele se desenha na Inglaterra. Daí a ênfase num viés interpretativo utilitarista (ou prático), no qual o papel do esporte seria o de controlar a violência sem cogitar que a violência bem poderia ser, ao contrário, uma criação do próprio esporte.[28]

Daí também a total ignorância sobre a temática que rodeia e recheia o esporte e, sobretudo, o futebol na sociedade brasileira. Refiro-me, é claro, às idéias de infortúnio (coincidência, sorte-e-azar, bruxaria, feitiço, destino e poder místico ou sobrenatural) que surgem claramente na esfera do esporte, precisamente porque essa esfera social é regida por regras fixas, transparentes e válidas para todos. Se, então, as massas brasileiras, conforme tenho enfatizado nas minhas interpretações do futebol, são atraídas pelo igualitarismo democrático do esporte, um igualitarismo que joga tudo no desempenho e não na cor da pele ou no nome de família; o resultado não previsível da operação dessas normas, levando à derrota ou à vitória, é também uma fonte inesgotável de questões. Chama a atenção, portanto, no Brasil, que o futebol seja um instrumento privilegiado para discutir tanto problemas de justiça na aplicação das regras (como faz prova a figura do "juiz" como alvo de um constante monitoramento pelas torcidas que o apupam com ofensas rimadas e jocosas) quanto dos imponderáveis promovidos por esse sistema basicamente igualitário, quando as motivações do time e da torcida são traídas pela imprecisão e pelo infortúnio.

De fato, sabemos como é impossível, no Brasil, falar de futebol, sem lançar mão de um sistema elaborado de alocação do infortúnio que, a despeito de aceitar a dimensão técnica e física, serve também como um fator determinante para a derrota ou a vitória, ao mesmo tempo que invoca fatores éticos e estéticos. Ou seja, no caso da sociedade brasileira, os elementos probabilísticos — expressivos dos atributos morais ou do significado humano dos eventos sociais, como apontam, respectivamente, Evans-Pritchard e Henri Bergson (cf. DaMatta, 1969) — do esporte são tão salientes quanto as suas disposições contratuais, normativas, técnicas ou constitucionais. Como salientei anteriormente, elas são as duas faces de uma mesma moeda, reproduzindo no campo do esporte dilemas e ambigüidades encontradas em toda a vida social brasileira, onde — dependendo da pessoa e da situação — a aplicação direta da lei é quase sempre paradoxal e dilemática.

No Brasil, é rotineiro atribuir a um fator moral a vitória ou a derrota de um time ou pessoa. Ganhamos — graças a Deus, ou a Nossa Senhora da Penha, ou aos orixás, ou à nossa fé, ou ao Pelé, ao Tostão, ao Nilton Santos, ao Leônidas, ao Ronaldinho etc. — ou perdemos (por falta de garra, por ausência de altruísmo, por termos nos deixado levar por um desmedido individualismo ou simplesmente por puro e terrível "azar"). Se o sistema de regras fixas, como diz a boa e velha teoria democrática, abre as possibilidades de transparência e de escolha individual, ela também traz à tona a idéia de escolhas inexoráveis, provas expressivas de um futuro desenhado como destino.

Ademais, os jogos são platonicamente descritos como "bons", "corretos", "honestos" e "bonitos". Assistir a um "belo espetáculo de futebol" revela uma expectativa que situa esse esporte como capaz de invocar e exprimir algo poético e "bonito" numa conjunção um tanto inesperada entre o técnico, o utilitário, o racional e a dimensão estético-moral-religiosa da existência. A cada jogo do selecionado brasileiro, conforme explicou num riquíssimo conjunto de crônicas Nelson Rodrigues, o Brasil entra numa pauta de julgamento ético coletivo e cósmico, pagando ou recebendo ("carmicamente") tudo o que teria realizado de negativo ou positivo em tempos ou, quem sabe?, vidas passadas...

Aliás, o que fascina no caso de uma sociologia do esporte é precisamente a constatação de como um mesmo jogo torna-se universal, justamente, porque permite apropriações sociais específicas em sociedades diferentes. Em outros domínios sociais (basta pensar na política, na economia e nas etiquetas que governam o cotidiano) essas variações são muito mais problemáticas.

III

Para um observador imbuído de espírito comparativo, essas diferenciações surgiam claramente em Los Angeles. De saída, a própria idéia de participação tem diferentes sentidos para os países que tomam parte numa Olimpíada. Analisando a cobertura feita pela imprensa brasileira, fica patente que nações como o Brasil tomam parte nos jogos com aspirações muito limitadas. Nesses casos, a idéia de participação se reduz a desempenhar um papel efetivamente legitimador do evento e, por causa disso, verdadeiramente olímpico, porque eles não têm a menor chance de disputar sequer os dez primeiros lugares.

Bitolada por essa perspectiva, a imprensa brasileira mencionava, em 1984, as chances do Brasil no basquete, no remo, no iatismo, no ciclismo, no vôlei, na natação, na corrida e, naturalmente, no futebol; observando — entretanto, dentro da lógica flagelatória e "antinarcisista" que domina a nossa autopercepção — as "magras" possibilidades de vitória, e criticando asperamente a desorganização de algumas equipes nas quais, supunha-se, o Brasil teria oportunidade de boa colocação, como foi o caso do basquete (onde fracassamos totalmente) e do futebol (onde tivemos sucesso, conquistando uma medalha de prata).[29]

Para países como o Brasil, então, participar nos Jogos Olímpicos já seria uma vitória! Como se o fato de estar entre as "nações olímpicas" fosse um sinal de que — apesar de tudo que pensamos de nós mesmos — pertencemos ao conjunto de "países adiantados". Mas é claro que para o Brasil (e para outros países com uma problemática nacional semelhante à nossa) a participação nos jogos se faz certamente com um sentimento básico de *noblesse obligée*. Como a participação nas feiras mundiais, nas quais os países periféricos e as sociedades tribais desempenhavam um importante papel coadjuvante, simplesmente representando o seu próprio atraso ou primitivismo, fato tanto mais digno de nota, quando se verifica o ocorrido no contexto de um inevitável confronto com o extraordinário progresso dos "povos mais adiantados", promovendo a distância que praticamente demonstrava e legitimava a idéia de evolução e o ideal de progresso. "Já fomos assim", "poderíamos ter sido assim" e "graças a Deus não somos assim", "eu pensava que fosse pior..." eram expressões que certamente escapavam dos "romeiros-espectadores" de uma feira mundial quando comparavam os pavilhões dos vários povos e países ali representados.

Em 1984, falou-se de um grande boicote olímpico, quando a então vigente União Soviética deixaria de competir. Diante, porém, do argumento apresentado anteriormente, entende-se que o verdadeiro boicote olímpico não será certamente o de uma grande potência contra a outra, mas aquele que os países periféricos não ousam fazer, já que são eles que desempenham o papel de fiéis diante dos deuses. E os deuses, conforme nos ensinaram Durkheim e Mauss, precisam tanto dos homens quanto estes precisam deles.

O fato é que, enquanto para as potências mundiais participar significa a possibilidade de vencer, para as nações periféricas esse mesmo espetáculo representa apenas a possibilidade de competir com dignidade fazendo número e aparecendo simpaticamente no cerimonial de abertura dos jogos.

Talvez uma distinção sociológica ajude a compreender essa participação olímpica ambígua e complicada. Quero me referir, como tenho feito já tantas vezes em outros lugares, ao fato de que há pelo menos dois modos pelos quais o Brasil se manifesta como coletividade. No primeiro, ele surge como sociedade; no segundo, esse mesmo Brasil aparece como uma coletividade radicalmente diferente: como Estado nacional ou país. Essa distinção é importante porque como sociedade o sistema se manifesta pela lógica das lealdades e das relações pessoais, mas como nação o Brasil se mostra como uma ordem fundada em leis escritas (mas não inscritas nas pessoas), num território e no indivíduo como sujeito moral do sistema. Haveria, então, como sugere Marcel Mauss (cf. Mauss, 1972) num ensaio clássico que inspira essa minha diligência teórica, duas pessoas políticas numa única comunidade.

A primeira se exprime através do que os antropólogos chamam de sociedade (ou cultura); a segunda no que os economistas e cientistas políticos chamam de Estado nacional. A cultura é governada pelos "hábitos do coração" e por práticas sociais personalistas e hierárquicas; o Estado nacional é gerenciado por normas explícitas e escritas: leis que se ordenam igualitariamente, devendo valer para todos.

Como sociedade, conforme tenho tentado mostrar no meu trabalho (cf. DaMatta, 1979, 1982, 1985, 1986), o valor básico do sistema é a hierarquia; como Estado nacional o sistema se informa pela igualdade. Mais: os dois princípios operam simultaneamente, de modo que situações podem ser diferentemente definidas, caso sejam "lidas" (ou hierarquicamente englobadas) pelo viés "nação" (com sua ética moderna baseada no individualismo e da igualdade); ou pela ótica da "sociedade", quando são classificadas pelos códigos tradicionais da pessoa, das relações e da hierarquia.

De modo geral, tudo o que diz respeito ao mundo contemporâneo, como é o caso dos Jogos Olímpicos, promove e estimula um elo direto com essa vertente nacional, individualista e igualitária. Mas isso não faz com que a esfera das relações e da hierarquia deixe de operar e seja automaticamente excluída. Daí, sem dúvida, os sentimentos aparentemente desencontrados relativos aos Jogos Olímpicos por parte de certos setores da coletividade brasileira. Em tese, há a vontade do Brasil como país de participar em tudo que seja definido como "moderno", "adiantado" ou "civilizado" — algo que demonstra efetivamente como chegamos à era da alta tecnologia, da sofisticação relativamente aos meios de comunicação de massa, da familiaridade com as práticas da democracia representativa e, naturalmente, com os Jogos Olímpicos que, evidentemente, são um índice de tudo isso e representam, legitimam e asseguram uma imagem inovadora do sistema.[30] Mas essa representação que freqüentemente está associada ao "governo" e ao "estado" nem sempre é correspondida pela sociedade. Assim, nos Jogos Olímpicos, há um contraste entre a vontade do Estado nacional (obrigado a fazer o Brasil tomar parte nas Olimpíadas) e uma quase indiferença da sociedade. No caso do futebol, porém, a relação se modifica radicalmente e temos nos Campeonatos Mundiais de Futebol um dos raros momentos nos quais sociedade e "nação",[31] "povo" e "governo" seguem na mesma direção e compartilham do mesmo evento com um mesmo e irrestrito entusiasmo.

Não tenho dúvidas que era precisamente esse desencontro entre "nação" e "sociedade" que a imprensa do Terceiro Mundo revelava em Los Angeles. Sentimento, aliás, que eu tive a oportunidade de perceber de perto porque estava participando ativamente deste grupo como comentarista da Rede Manchete de Televisão, o que obviamente me permitia discernir como os jogos estavam sendo "definidos" ou "digeridos" para o público brasileiro.

Para a maioria dos jornalistas, as atenções voltavam-se somente para as "estrelas" (Joaquim Cruz e Ricardo Prado) e para os esportes coletivos. Modalidades esportivas menos populares ou desconhecidas do grande público brasileiro, como o iatismo, o judô, o tiro etc., recebiam uma cobertura jornalística que oscilava entre a patronagem arrogante e uma deplorável condescendência.[32]

Por tudo isso, quando alguns atletas brasileiros tornaram-se heróis olímpicos, surgiram comentários ambíguos, reveladores de como era (e ainda é) complicado, no caso da sociedade brasileira, lidar com uma "ideologia do mérito" (sobretudo do desempenho individual) que certamente caracteriza os Jogos Olímpicos. Assim, mesmo depois de Joaquim Cruz e Ricardo Prado terem ganho, respectivamente, medalhas de ouro e prata, ambos foram acusados de imaturos e de egoístas por jornalistas brasileiros com dificuldades para compreender a natureza de modalidades esportivas individualizadas onde o atleta conta apenas com seus próprios recursos e, como conseqüência, controla melhor sua imagem pública.

Isso nos conduz a um problema sociológico interessante, qual seja: o fato dos Jogos Olímpicos terem um forte componente individualista, criando uma moldura valorativa que toma o "atleta-herói" como uma imagem acabada do indivíduo moderno, dotado de autonomia, escolha e direitos, como centro moral da sociedade.[33]

Neste sentido, não deixa de ser curioso que o ritual de reconhecimento olímpico, quando o atleta recebe sua medalha, tenha uma estrutura dramática que destaca o indivíduo, mas que fica inteiramente deslocado quando o vencedor é uma equipe. Premiar o herói olímpico é, pois, equivalente a glorificar o indivíduo como um personagem crítico do nosso mundo social. Esse "indivíduo" carregado de heroicidade que, acreditando em si mesmo e nos seus recursos, treinou e esforçou-se solitariamente, quase sempre contra tudo e todos, inclusive contra seus eventuais defeitos físicos, sociais e emocionais para, no final, ver sua crença em si mesmo recompensada.

Não parece haver dúvida que o grande ideal olímpico moderno é glorificar recorrentemente esse atleta perfeito que é, simultaneamente, a própria imagem do indivíduo ocidental na sua plenitude.

IV

Tudo isso contrasta com a maneira de representar o Campeonato Mundial de Futebol. Basicamente porque, como sugeri anteriormente, não há dúvida que o entusiasmo pelo futebol e a indiferença pelos Jogos Olímpicos se relacionam à ética social brasileira que até hoje oscila entre "individualismo" e "personalismo", igualdade e hierarquia, sociedade e Estado nacional, como categorias sociais contrastivas e até certo ponto antagônicas, mas complementares no caso do Brasil.[34] Aprofundemos esses aspectos.

Um dos pontos mais salientes do contraste entre os Jogos Olímpicos e o Campeonato Mundial de Futebol fala do modo pelo qual cada um desse ritos esportivos elabora o elo entre universal e o local. Campeonatos mundiais e Olimpíadas são ocasiões onde o ideal de igualdade universal é dramaticamente elaborado e celebrado. Só que cada um desses cerimoniais faz isso concretamente (vale dizer, culturalmente) a seu modo.

Os Jogos Olímpicos realizam a mediação entre a diferença social e política "real" existente entre as unidades que entram na competição, salientando fortemente o ideal de igualdade. Principalmente porque as Olimpíadas têm que dar conta de duas diferenças cruciais: a que existe entre os países no nível estrutural, e a das modalidades esportivas convocadas no nível estruturante. Não é fácil incorporar novos e velhos esportes numa tendência reveladora de um viés universalista. Essa disposição universalista que inibe diferenciações entre esportes prestigiosos e de massa e modalidades fracas, elitistas e recentes, obriga também a não distinguir esportes individuais e coletivos. No plano ideal (ou oficial), os jogos seriam um concurso de países e de modalidades esportivas equivalentes — de unidades absolutamente dotadas das mesmas oportunidades.

Mas mesmo no plano oficial sabemos que há intromissão indesejada de hierarquia porque o acontecimento básico dos Jogos Olímpicos são os eventos do atletismo que simbolizam todos os episódios da competição dentro de supostos ideais gregos clássicos. Neste sentido, a culminância das modalidades atléticas tradicionais no quadro dos Jogos Olímpicos serve para conciliar a idéia contemporânea do esporte como um instrumento de ascensão social individualista, com o velho ideal olímpico do concurso altruísta e agonístico. Ou seja: da competição pela competição e da disputa como um fato social total. Um fato que, como dizia Marcel Mauss, vai além da mera troca esportiva, política, financeira, técnica ou física de vitória e derrota (ou de vantagem ou desvantagem), implicando uma consciência da disputa como uma doação moral que, no fundo (eis o milagre da sociabilidade pura num mundo marcado pelo utilitarismo!), não demanda retorno ou recompensa.

Tal estrutura, então, articula em muitos níveis as coletividades competidoras fortes e fracas, bem como modalidades esportivas individuais e coletivas, além de esportes altamente técnicos e jogos onde a incerteza desempenha um papel fundamental. Tudo isso tendo como pano de fundo ideológico a oposição crítica entre o singular e o universal. O ditado olímpico e maussiano que fala de como competir é mais importante que vencer estabelece uma hierarquia entre a disputa pela disputa e o mero desejo individualista de glória, vitória ou enriquecimento. O englobamento da vitória (com sua ênfase individualista) pela competição (com sua ênfase na disputa enquanto tal, com suas agonias e êxtases) paradoxalmente enfatiza o coletivo num leque competitivo cujo centro, convém reiterar, são eventos individuais (as provas do atletismo inspiradas na Grécia clássica).

Deste modo, os Jogos Olímpicos reúnem ritos universalistas (as cerimônias de abertura e encerramento), ritos cívico-nacionalistas (todas as vitórias são marcadas pelo "direito" de celebração dos símbolos do país vencedor, quando a bandeira é hasteada ao som do seu hino nacional); além de ser também um festival folclórico e uma festa popular nos quais valores locais (do país hospedeiro) são apresentados. Nos jogos, valores como a fé, a agonia, a vontade pessoal (mobilizada pela coletividade) e a técnica se misturam em doses variadas e em momentos diferentes.

Não é, pois, ao acaso que todos os eventos dos jogos se estruturem em dois momentos críticos e bem marcados, conforme enfatizou John MacAloon: o tempo do cerimonial e a competição propriamente dita (cf. MacAloon, 1981 e 1984). Aliás, como um espetáculo, a Olimpíada é inaugurada e encerrada por meio de grandes rituais que dramatizam coletividades, mas que são relativizados por ritos de vitória (e derrota) que salientam individualidades e, com elas, singularidades culturais, sociais e, sobretudo, nacionais. Por causa disso, no plano prático da política de sua produção, o equilíbrio entre universalismo e nacionalismo sempre foi um tema importante e uma das grandes preocupações do barão Pierre de Coubertin o grande renovador dos ideais olímpicos (cf. MacAloon, 1981).

Tudo isso contrasta com um Campeonato Mundial de Futebol. Aqui também temos uma ritualização do universal, mas o seu foco não é o indivíduo, mas uma coletividade — uma equipe — que compete pela vitória representando uma nação. Se, portanto, numa Olimpíada tudo se passa como se o local e o nacional fossem vistos como intrusos — como hóspedes não convidados que se insinuam contrariando os verdadeiros ideais olímpicos; no caso da Copa de Futebol, o universal é que se transforma em problema no decorrer de uma disputa onde se exige uma enorme concentração e um dramático enraizamento dentro da equipe que, neste contexto, é — como dizia Nelson Rodrigues — "a pátria em chuteiras": uma metáfora vibrante, porque "concreta" da nacionalidade e do país.

Usemos uma fórmula estruturalista, certamente fora de moda, para reiterar que, num Campeonato Mundial de Futebol, os times são metáforas dos países no início da disputa. Na medida, porém, em que alcançam sucesso, as cores do seu uniforme, a atuação de cada jogador, o estilo do time e o modo como se estabelecem como vencedores fazem com que se transformem em metonímias da nação (e da sociedade) que representam. O sucesso conduz a uma ultrapassagem do formalismo metafórico, dado na mera união das cores da bandeira impressa no uniforme com os jogadores, realizando uma verdadeira fusão dos emblemas coletivos (camisas e cores expressivas da coletividade) com o corpo, a dedicação, a energia: a "raça" (como se diz no Brasil) — e a alma dos atores. Vale dizer: uma junção do continente com o conteúdo. Passa-se, assim, da metáfora (que é sempre uma hipótese no início da disputa) à metonímia (que é a confirmação ativa da hipótese) nas Copas do Mundo de Futebol. Se o "selecionado" perde e, dada a estrutura dos jogos numa Copa do Mundo, é desclassificado, diz-se, provando esse ponto, que "o time usou mas não vestiu a camisa". Como se "usar" denunciasse um elo superficial e significativamente utilitário com o símbolo da coletividade; enquanto que o "vestir" revelasse uma ligação física. Uma união corpórea, cujo sinal mais claro é aquele "suar a camisa" que confunde o uniforme com a pessoa. Prova de que time, país, sociedade, jogadores e torcida englobaram-se mutuamente, dissolvendo as suas barreiras físicas, morais e ideológicas — daí, sem dúvida, a emergência do "carnaval da vitória".

Nos Jogos Olímpicos o universal parece ser o foco e o alvo do espetáculo. Mas, nos Campeonatos Mundiais de Futebol, o centro do drama é o particular, o singular e o específico. O fato de estarmos diante de uma mesma modalidade esportiva faz com que se perceba os estilos locais de praticar o futebol. Como se estivéssemos testemunhando várias orquestras tocando (e competindo) uma mesma partitura. Do mesmo modo, a disputa em torno de uma mesma modalidade esportiva desenha com nitidez ganhadores e perdedores. Nela, conforme sabemos, só há lugar para um ganhador, não havendo a possibilidade de vitórias parciais, quando um país pode se consolar por ter sido vencedor em alguma modalidade esportiva, como ocorre com as Olimpíadas.

Tudo indica, portanto, que a construção do universal numa Copa do Mundo se faz por meio de singularidades que são parte da própria estrutura do acontecimento. Neste tipo de disputa, o país anfitrião tem poucas obrigações rituais, já que a dimensão cerimonial está totalmente englobada pela competição. Aliás, neste evento, os ritos de abertura não dramatizam a universalidade humana, mas — isso sim — o cívico-nacional.[35] O ritual de uma Copa do Mundo se reduz, de fato, ao hasteamento de bandeiras e ao toque do hino nacional dos países disputantes. É como se fosse o prelúdio de uma guerra.[36] Não há rito de abertura nem um rito de encerramento.

Nas Olimpíadas, ao contrário e para confirmar o que venho examinando, o rito de abertura é uma parada onde os países surgem como tal, englobados pelo seu nome, suas cores e bandeiras. Já no rito de encerramento, os atletas desfilam dissociados dos seus pavilhões nacionais, formando uma multidão de individualidades, numa ênfase e representação mais do que satisfatórias (de um ponto de vista ocidental) do universal e do igualitário. Neste sentido, a Copa do Mundo de Futebol salienta sempre a equipe, o time e a coletividade que a sustenta e para a qual se joga e disputa; ao passo que a Olimpíada começa com equipes-países ou países enquanto equipes (o que não deixa de ser um tanto exótico), para terminar no indivíduo livre de suas peias sociais e comunitárias. Tudo se passa como se ali, a nacionalidade, a equipe, a bandeira etc. fossem um acidente e uma escolha do indivíduo. Nesta dramatização, os atletas não estão mais honrando apenas os seus países e equipes, mas os próprios Jogos.

Os prêmios claramente refletem essas dimensões. Na Olimpíada, o atleta recebe uma coroa de louros e uma medalha que duplamente destacam as partes mais importantes do seu corpo — a cabeça e o coração — pelos símbolos da vitória olímpica. Na Copa de Futebol as medalhas, que também singularizam os indivíduos como ícones da Humanidade, não são importantes. Aqui, o que conta é a posse da taça (da Copa) que tradicionalmente tinha uma forma feminina, sendo uma representação da "vitória alada" — fugidia e difícil de conquistar dentro da tradicional concepção de mulher do Ocidente. Figura que, em 1958, quando o Brasil conquistou esse troféu, foi significativa e amorosamente beijada por todos os jogadores da equipe, como que inaugurando uma relação carnal definitiva. Daí a popularidade da marchinha que remarcava com alegria: "A Copa do Mundo é nossa/Com brasileiro não há quem possa!"

Mas esse prêmio era para a equipe que, por sua trajetória no campeonato, conquistou o direito a ser uma "superpessoa", um "time" como se diz sem saber e coloquialmente no Brasil. Um time que, por isso mesmo, passa a ser creditado com propriedades mágicas, como o dom da vitória. Neste sentido, a taça e a vitória que ela expressa são, no contexto dos valores individualistas que dominam a civilização ocidental, dramatizações muito poderosas de um grupo de indivíduos que ganhou uma incontestável unidade.

O Campeonato Mundial de Futebol articula o nacional com o universal privilegiando, contudo, o singular e a comunidade que pratica o esporte. Creio que é por permitir esse enraizamento dramático no nível local, mas sem perder de vista as regras universais, que faz com que ele seja tão popular em países como o Brasil e outras sociedades do chamado "Terceiro Mundo".

Por que se privilegia tanto o futebol? Convém repetir uma resposta que disse alhures (cf. DaMatta, 1982, 1986, veja-se o capítulo anterior).

O futebol é coletivo, é jogado com os pés (o que leva a um alto grau de imprecisão), funda-se na continuidade e é jogado em ritmo crescente, destinado à explosão agônica do êxito ou do fracasso e da perda da oportunidade. Tudo isso ajuda a compreender por que o futebol tem sido — pelo menos no caso do Brasil — um dos instrumentos mais efetivos na difícil mediação entre sociedade e país, povo e governo, regras impessoais válidas para todos os cidadãos e teias de relações pessoais que distinguem as pessoas umas das outras numa complexa hierarquia.

Se a história do Brasil revela sempre uma grande dificuldade de transitar do impessoal ao pessoal, do hierárquico ao igualitário, do local ao universal, o futebol cria um espaço onde isso se faz de modo tranqüilo, marcado por lances de grande vigor e beleza.

V

Acredito que esses argumentos ajudam a compreender por que os Jogos Olímpicos não despertam o mesmo grau de interesse dos Campeonatos Mundiais de Futebol no Brasil. A par das óbvias limitações materiais, insisto que uma interpretação correta tem que levar em conta problemas ligados a valores culturais que, não obstante estarem presentes em todos os países contemporâneos, permeiam diferenciadamente essas coletividades, mobilizando em cada uma delas uma mistura específica de valores.

Se é correto que todas fizeram suas constituições inspiradas pelo Código de Napoleão ou pela Constituição dos Estados Unidos onde o cidadão-indivíduo é o sujeito central, daí não decorre automaticamente que o sistema legal-constitucional tenha apagado ou englobado outras instituições sociais e políticas vigentes nestas sociedades em todas as situações. Realmente, tem sido minha tese que esse "indivíduo" ocidental moderno, denunciado por Louis Dumont na sua magnífica obra (cf. Dumont, 1970, 1985), não tem a mesma importância entre diferentes nações modernas. O estudo do caso brasileiro tem revelado que uma sociedade pode adotar o indivíduo como sede ou valor englobante do seu aparato jurídico-político e, em paradoxais inversões hierárquicas, ser englobada por valores antagônicos ao individualismo.

Como um espetáculo reconstituído a partir da experiência moderna e individualista, os Jogos Olímpicos parecem dramatizar essa dialética, salientando alguns desses paradoxos. De certo modo, eles fazem mais uma mediação entre um universalismo internacionalista, fundado na idéia do indivíduo como representação da Humanidade, e as forças locais e regionais do nacionalismo que, paradoxalmente, o próprio individualismo desperta, provoca, estimula e mantém. Não parece haver dúvida que a concepção da Olimpíada, como um acontecimento que pretende orquestrar um verdadeiro jardim zoológico ou feira mundial esportivos (na realidade um "universal do esporte"), revela uma surpreendente identidade com a ideologia individualista que concebe a sociedade como sendo resultante das ações individuais. Dentro deste quadro, os Jogos Olímpicos seriam uma perfeita expressão destes valores. Neles temos representados todos os "mercados" e todas as regras que permitem estabelecer a experiência do "jogo" dentro de uma moldura competitiva. Tudo indica, portanto, que nos jogos o universal engloba o local e o nacional. Em outras palavras, todas as competições modernas (esportes que deixaram de ser "jogos", danças ou rituais) são arbitradas e legitimadas em contextos onde o universal tem predominância e poder englobador. Se o localismo surge em eventos importantes durante o decorrer das competições olímpicas, ele se dissipa dentro das ritualizações universalistas que a todo momento colocam o disputante (e o espectador) tanto como membros de uma nação mas também como indivíduos livres e autônomos. Quando falamos dos grandes atletas olímpicos, falamos de um indivíduo ou de um país?

Mas quando a disputa gira em torno de uma só modalidade esportiva, como no caso da Copa de Futebol, tudo muda. O universal também existe, mas ele se atualiza englobado pela experiência da singularidade dada por uma única modalidade esportiva. Tudo se passa como se nos Jogos Olímpicos estivéssemos lidando com um universalismo esportivo abstrato, de estilo francês, quando se considera, como diz Dumont: que se é "homem (= indivíduo) por natureza e francês por acidente" (cf. Dumont, 1985:138), que compete pela glória do esporte. Mas, na Copa do Mundo, redescobrimos a lógica de sociedades nas quais individualismo e holismo se relacionam de modo muito mais complexo. Numa Copa, aprendemos que só podemos ser universalistas porque estamos todos (jogadores e público) profundamente amarrados ao futebol de um dado país. Aqui vivemos a lógica dos pensadores românticos, segundo a qual só podemos fazer parte da Humanidade porque somos, antes de tudo, brasileiros, argentinos, italianos e alemães (cf. Dumont, 1985:138-139).

Competições esportivas fundadas num só esporte tendem a negar a dimensão universal da ideologia individualista, apresentando tanto o esporte em disputa quanto os times como realidades dramaticamente concretas. Em sociedades onde a ideologia individualista opera de modo parcial, onde o universalismo cosmopolita sustenta a idéia dos Jogos Olímpicos e onde há uma nítida associação com certas classes sociais e estilos de vida que estão muito longe de ponderáveis setores da população, as Olimpíadas podem chamar a atenção e despertar algum interesse. Jamais, entretanto, conduzem àquela motivação apaixonada que permite juntar o país abstrato, com seus governos quase sempre lidos como incorrigivelmente incompetentes ou ditaduras temíveis, e a sociedade concreta e certamente boa de se viver, com seus prazeres singelos e sua sempre renovada esperança.

Notre Dame, 21 de maio de 1988 e 24 de abril de 2003,
Jardim Ubá, 3 de fevereiro de 2006.

NOTAS

21 – Na realização desta curiosa e difícil tarefa, estive acompanhado de um "time" de ilustres colegas: Don Handelman, da Universidade de Jerusalém, Israel; Bruce Kapferer, do University College, Londres, Inglaterra [hoje em Bergen, Noruega]; e James Peacock, da Universidade da Carolina do Norte, Estados Unidos.

22 – "Entendimento" que significa, entre outras coisas, uma apreensão "racional" do objeto em termos de boas respostas para perguntas que, a despeito de sua sofisticação, se relacionam aos nossos "hábitos do coração": ao modo como vemos o mundo, ao nosso senso comum. Ao que, para nós, seria "natural" como as questões do tipo: para que é realizado e para quem serve? No nosso esforço para entender os outros, parece-me iniludível a redução do que é observado aos termos de uma lógica pragmática, utilitária, individualista e essencialista, bem como a fuga de qualquer dimensão emocional. Responder "para que serve", "qual é a sua função" ou "como e para que funciona" tem sido mais importante do que discutir se é "bonito", "intenso", "gostoso" ou "bom" e "bem-feito". A explicação-interpretação utilitária e/ou prática sempre englobou eventuais perspectivas emocionais e estéticas, o que levou a desentendimentos sérios sobretudo no campo dos estudos religiosos e rituais.

23 – Nesta frase eu situo o que considero os elementos fundamentais de uma "interpretação antropológica": contextualização (que obriga a procurar e situar esferas de ações, motivações e interesses; bem como enredos, mapas e modelos), molduras (que remetem a princípios de classificação de pessoas, eventos, motivos, relações etc.) e, finalmente, a comparação que permite enxergar tudo isso em perspectiva, situando e relacionando os sistemas uns relativamente aos outros e permitindo liberar certas instituições sociais de um isolamento que certamente é um traço crucial para certas formas de vida coletiva — sobretudo as que se tomam como superiores ou centrais. É a comparação que permite a real dialética do singular com o universal e mais básico ainda e, para além de Geertz (1983), do que aparece como explícito e hegemônico com o que está implícito, é dominado, tem que ser escondido e não pode ser mencionado.

24 – Numa crônica intitulada "O povo e os jogos atléticos" publicada no *Jornal dos Sports*, em 18 de março de 1948, José Lins do Rego, escritor e cronista esportivo, apaixonado pelo Flamengo, faz exatamente essa mesma pergunta, assinalando com uma dose de idealização dos estrangeiros: "Em Buenos Aires, em Montevidéu, em Santiago, o povo corre aos estádios para aclamar os verdadeiros heróis olímpicos. Aqui, no Brasil, desde que haja futebol, não há interesse do nosso povo. Isso revela falta de educação esportiva de nossa gente" (cf. José Lins do Rego, 2002:79).

25 – Chamei atenção para esse mesmo ponto já num ensaio publicado em 1982 (cf. DaMatta, 1982:24. Ver o ensaio precedente).

26 – Nos Estados Unidos os professores universitários são "acadêmicos" e não "intelectuais" como ocorre na Europa, na América Latina e no Brasil. No primeiro caso, trata-se de legitimar-se por meio do domínio de uma sabedoria e de tecnicalidades acima de quaisquer suspeitas. As universidades americanas são normalmente habitadas por peritos, técnicos e cientistas que falam uns com os outros e, eventualmente, com o que eles chamam de "homem da rua" — a pessoa comum. No Brasil, a academia está muito mais dominada por uma visão do "professor" como um "sábio" e "teórico". Um luminar que por certo conhece sua disciplina, mas que tem opiniões instigantes sobre o sentido do mundo. Talvez por isso exista na Europa e, sobretudo, na América Latina e no Brasil uma ponte conspícua entre o intelectual e a "política"; enquanto que, nos Estados Unidos e no universo anglo-saxão em geral, o acadêmico tenda para o lado mais "frio" e técnico da realidade. Para um esboço dessa discussão, veja DaMatta, 1992.

27 – É claro que cada sociedade tem o seu "masculino" ou sua variedade de "masculinos". Parece-me importante notar que o masculino de um jogo de

futebol é diferente do de um balé ou competição de natação. No caso do futebol brasileiro, o "jogador" anda de pernas abertas, consulta sistematicamente seus órgãos genitais (revelando sua inequívoca presença durante o desenrolar da partida) e usa de um idioma corporal de agressão e força todas as vezes que se movimenta. Dir-se-ia que aqui o "homem" tem que englobar o jogador, mesmo que ele seja uma mulher! É claro que na natação ou no vôlei, para ficarmos apenas em dois esportes, o masculino e o feminino se exprimem de outro modo e estão muito mais próximos. Em outros termos, a polaridade sexual aguda é uma demanda de certas esferas, mas essa demanda não tem a mesma intensidade ou valor.

28 – O que evoca, para o antropólogo social profissional, a famosa disputa sobre a função dos rituais, ocorrida entre Malinowski e Radcliffe-Brown. O primeiro defendendo a posição funcionalista-utilitária rotineira, segundo a qual a pesca em alto-mar conduzia a maiores ritualizações do que a pesca nas lagoas, porque ela implicaria maior risco e ansiedade. O segundo, ao contrário, argumentando que a ansiedade decorria do "valor" atribuído ao rito naquela sociedade. Não era a ansiedade que induzia ao rito; era, ao contrário, o ritual que produzia a ansiedade (cf. Malinowski, 1931 e Radcliffe-Brown, 1939; ambos publicados em Lessa e Vogt, 1979).

29 – Refresquemos a memória, confirmando o que digo: em Los Angeles tivemos o melhor desempenho nos Jogos Olímpicos até então, ficando em 17º lugar entre 139 nações concorrentes, conforme disse com euforia o semanário *Manchete*, nº 1.688 de 22 de agosto de 1984.

30 – O exemplo da Coréia é revelador desta sugestão. Durante os jogos asiáticos, em agosto de 1986, já se discutia a questão da transição para a democracia em função de uma imagem nacional que seria examinada de perto por visitantes estrangeiros. Tal discussão se acelerou muito no ano seguinte e parece que provocou resultados no sentido de "descongelar" e promover alguma modificação no sistema político. O caso coreano mostra como são profundas as relações entre esporte e democracia. Conforme escrevi e reiterei alhures, democracia e esporte compartilham de um profundo respeito pelas regras do jogo o que, num caso e no outro, garante o rodízio do poder, bem como a dignidade da disputa do derrotado e a conseqüente institucionalização de um igualitarismo fundamental (cf. DaMatta, 1982, 1986 e 1994).

31 – Ocioso acentuar que se trata de uma categoria carregada de sentido e que precisa ser — com a licença de Bennedict Anderson — elaborada de uma posição sociológica e maussiana. Entre nós a palavra "nação" parece designar os aspectos jurídicos e constitucionais da coletividade. Neste senti-

do, "nação" e "país" podem ser usados como sinônimos. "Governo" parece definir o lado "pessoal" do "país", indicando sua administração num sentido palpável e concreto, como conjunto de personalidades cuja presença é mais visível. "Povo", finalmente, fala igualmente deste lado mais pessoal da coletividade e, neste sentido, pode ser usado como sinônimo de "cultura". Tenho trabalhado esses pontos ao longo de estudos mais recentes.

32 – Neste contexto, vale a pena mencionar a reação da imprensa aos meus comentários. Fui acusado de incompetente porque meus comentários revelavam aspectos originais ou desconhecidos dos jornalistas, salientando aspectos rituais e simbólicos dos eventos que observava.

33 – A glória esportiva imediatamente se traduz em extraordinário ganho financeiro no mundo contemporâneo. A individualização dos atletas olímpicos é uma fonte de conflito entre a ideologia do esporte pelo esporte (escrito como ideal olímpico) e o esporte como fonte de renda: como um meio para um fim, o que rompe com sua aura como uma atividade autoreferenciada, paralela e idealmente imune ao utilitarismo burguês que faz tudo desembocar no mercado. Com isso, atletas célebres que defendiam a bandeira de regimes fechados (caso dos países do Leste Europeu) ou de ditaduras (como a Rússia, a Romênia e Cuba) tinham que ser fortemente vigiados.

34 – O leitor que conhece meu trabalho sabe que tenho investigado sistematicamente essas oposições e duplicidades no caso do sistema social brasileiro (cf. DaMatta, 1979; 1985; 1986a e 1986b).

35 – Parece muito diferente partir de uma bandeira nacional ou de uma dança para exprimir o universal. Em Los Angeles, 1984, no grande ritual de abertura dos jogos, os americanos se fizeram representar pela música da Broadway e pela *mise-en-scène* de Hollywood. Na abertura dos jogos asiáticos de 1986, a Coréia representou-se por danças folclóricas. Claro que países difusores de bens culturais, como os Estados Unidos, têm a vantagem de contar com o entendimento de alguns dos seus dramas coletivos, fazendo com que eles passem como espécies de universais de supermercado: prontos para levar. Uma Olimpíada no Brasil seria fatalmente aberta por sambistas, mulatas e escolas de samba...

36 – E assim é interpretada pelos cronistas esportivos, esses fazedores de mitos e eventos que, digerindo sem crítica o que observam (bandeiras, cores e hinos dos seus países), ficam tomados de uma verdadeira fúria nacionalista. Isso é muito claro no caso do Brasil, onde o humilde futebol permite não só juntar positivamente sociedade e nação, Estado e governo,

gente do povo e marajás do poder e do dinheiro; mas igualmente traz à tona um nacionalismo altamente reprimido justamente porque a sociedade tende a se defender do Estado nacional.

REFERÊNCIAS BIBLIOGRÁFICAS

DaMatta, Roberto

1969 — "Intuitional, emotional and intellectual explanation", *Man: Journal of the Royal Anthropological Institute*. Vol. 4, nº 3.

1979 — *Carnavais, malandros e heróis*. Rio de Janeiro: Rocco.

1982 — "Esporte e sociedade: um ensaio sobre o futebol brasileiro", em Roberto DaMatta (organizador); *Universo do futebol: esporte e sociedade brasileira*. Rio de Janeiro: Edições Pinakotheke.

1985 — *A casa & a rua*. Rio de Janeiro: Rocco.

1986 — *Explorações: ensaios de sociologia interpretativa*. Rio de Janeiro: Rocco.

1992 — "Relativizando o interpretativismo", em *Homenagem a Roberto Cardoso de Oliveira*. Organizado por Mariza Corrêa e Roque Laraia. São Paulo: Editora da UNICAMP.

1994 — "Antropologia do óbvio: notas em torno do significado social do futebol brasileiro", em *Revista USP: Dossiê Futebol*, nº 22.

Dumont, Louis

1970 — *Homo Hierarchicus*. Chicago: The University of Chicago Press.

1985 — *O individualismo: uma perspectiva antropológica da ideologia*. Rio de Janeiro: Rocco.

Elias, Norbert e Dunning, Eric

1986 — *Quest for Excitement: Sport and Leisure in the Civilizing Process*. Basil Blackwell. Traduzido para o português como *A busca da excitação*. Lisboa: DIFEL, 1992.

Geertz, Clifford

1983 — "From the Native's Point of View: 'On the Nature of Anthropological Understanding'", em *Local Knowledge: Further Essays in Interpretive Anthropology*. Nova York: Basic Books.

Rego, José Lins do

2002 — *Flamengo é puro amor: 111 crônicas escolhidas*. Seleção, introdução e notas de Marcos de Castro. Rio de Janeiro: José Olympio Editora.

MacAloon, John

1981 — *This Great Symbol: Pierre de Coubertin and the Origins of the Modern Olympic Games*. Chicago: The University of Chicago Press.

1984 — "Olympic Games and the Theory of Spectacle in Modern Society", em John MacAloon (organizador), em *Rite, Drama, Festival, Spectacle*. ISHI Press.

MALINOWSKI, BRONISLAU

1931 — "The Role of Magic an Religion", em *Reader in Comparative Religion*, William A. Lessa e Evon Z. Vogt (organizadores), Harper & Row, 1979.

MAUSS, MARCEL

1972 — "La Nación", em *Sociedad y Ciencias Sociales. Obras III*. Barcelona: Barral.

1974 — "Ensaio sobre a dádiva: forma e razão da troca nas sociedades arcaicas", em *Sociologia e Antropologia*. Tradução para o português de Mauro W. B. de Almeida. São Paulo: Editora Pedagógica e Univ. Ltda. e Editora da USP. Vol. II.

NOVAK, MICHAEL

1976 — *The Joy of Sports: End Zones, Bases, Baskets, Balls, and the Consacration of the American Spirit*. Nova York: Basic Books.

RADCLIFFE-BROWN, A. R.

1939 — "Taboo", em *Reader in Comparative Religion*, William A. Lessa e Evon Z. Vogt (organizadores), Harper & Row, 1979. Publicado em português em *Estrutura e função na sociedade primitiva*. Petrópolis: Editora Vozes (Coleção Antropologia).

O TÉCNICO E O FUTEBOL*

Para entender o técnico de futebol é preciso compreender a evolução da palavra "técnico" no vocabulário da sociedade moderna, o sistema que inventou e foi moldado pela "tecnologia" e que tem dela vivido e confiado com os resultados que todos experimentamos.

Originalmente, era "técnico" quem dominava uma dada "arte", ofício ou profissão. Posteriormente, com o avanço espetacular da "ciência" voltada para o domínio, o controle e a exploração da natureza, o "técnico" passou a ser confundido com "tecnologia". Deixou-se de enfatizar a arte e a sabedoria — vigente nas sociedades tribais e arcaicas, que sempre buscavam equilibrar natureza e cultura — para salientar-se a "precisão científica", hoje ligada à tecnologia e, por meio dela, a um insofismável e inconcebível comando de certos processos naturais.

Na sociedade moderna, há "técnicos" de tudo — e para tudo. A própria sociabilidade (para não falar da sexualidade) tornou-se uma técnica adensada pelo lado mais determinista da psicanálise, de modo a ajudar a prever tendências, personalidades, contextos e situações. O ponto que quero assinalar é como a idéia de arte e perícia, que implicam sabedoria e ad-

---

* Publicado originalmente no livro *Técnicos: deuses e diabos*. São Paulo: SESC, 2002. Aqui reeditado com pequenas modificações.

mitem a incerteza, transformou-se, graças ao prestígio imenso das ciências naturais no mundo ocidental, numa atividade marcada quase que exclusivamente pela previsibilidade e pela determinação.

Essa passagem da "técnica" (e conseqüentemente daquele que é o seu praticante, o "técnico") como arte para a "técnica" como aplicação da ciência na vida real, esse deslizamento promovido pelo prestígio assombroso e pela conquista da ciência aplicada ao mundo na forma de tecnologia — que hoje serve de modelo para a maioria das atividades humanas —, ajuda a entender os principais paradoxos da "técnica" e do "técnico" em certos domínios e atividades profissionais.

Tomar o modelo do "técnico" inspirado nas disciplinas mais "tecnocráticas", como a física, a mecânica, a química, certos setores da biologia e da economia, transpondo-o às relações humanas em geral e, em especial, a certos campos da sociedade, como a política e, sobretudo, os esportes, engendra problemas curiosos e paradoxos inesperados.

Isso é visível na área do "esporte", um campo que congrega atividades ultraprecisas como o tiro ao alvo, o tênis de mesa e as corridas rasas, bem como modalidades imprecisas e abertas ao acaso como ocorre com os esportes coletivos como o vôlei, o basquete e os "futebóis". É de tal ordem essa gradação que vai do preciso ao impreciso, da razoável determinação ao mais puro e selvagem acaso que, no Brasil, conforme assinalei pioneiramente no meu trabalho (cf. DaMatta, 1982, 1986, 1994), nós enquadramos o futebol como um "jogo". No campo amoroso, sabemos das bobajadas intermináveis dos consultórios sentimentais e psicológicos, onde abundam os "conselheiros" formados nisto ou naquilo, sugerindo "técnicas psicológicas" e "emocionais", estampadas nas revistas femininas. Uma postura, diga-se logo, que desmente a visão moderna e feminista, articulada a uma imagem nova da mulher, lida não mais como presa de bovarismo infantil, mas como cidadã racional, movida a individualismo e consciente de seus direitos e deveres que essa perspectiva diz acionar. De fato, como prever e, portanto, aconselhar com segurança, num campo indeterminado e aberto a muitas escolhas e situações como o amoroso? Como assessorar o sujeito que, supersticioso e sujeito aos azares dos sonhos e palpites, entrega-se a atividades cuja lógica se funda na incerteza e na imprevisibilidade como a roleta, o pife-pafe ou o jogo do bicho?

O futebol é um esporte, mas o chamamos de "jogo". Em português, como sabemos, "jogo" engloba tanto a disputa agônica e competitiva quanto a atividade aleatória, sem esquecer as "brincadeiras" e as atividades que têm como alvo divertir ou preencher o tempo ocioso. Em inglês, língua da sociedade que inventou os esportes modernos, distingue-se "jogar" (*to gamble*) de "brincar-disputar-competir-divertir" (*to play*). No Brasil, o "esporte" congrega brincar e divertir; bem como jogar, disputar e competir.

Não há dúvida que nós, brasileiros, concebemos o futebol como uma disputa na qual a técnica, o preparo físico e o *fair-play* (a obediência às normas e a sua aceitação desprendida e educada) são fundamentais. Mas também não há quem rejeite a noção de que o futebol é uma atividade marcada pela sorte, pelo "destino" e pelo que se posiciona como "imprevisível" em geral. Pelos fenômenos aleatórios, eventos puros que resultam de decisões estatísticas não só imprevisíveis, como imprevistas durante o jogo. Não é por acaso que, nas Copas do Mundo, o selecionado brasileiro proporciona tanto um incremento da busca de informação — que é algo racional e moderno, fazendo de todo brasileiro um doutor em futebol — quanto um paradoxal aumento de pensamento mágico, acionando o consumo de velas votivas e de oferendas a todos os deuses, santos, espíritos, almas, anjos e orixás que estão no outro mundo.

Ora, se o futebol é jogo e goza desta cota de incerteza, então o cargo "técnico de futebol" é um oxímoro: uma contradição em termos. Pois de um lado remete ao lado racional e moderno da atividade — a do técnico como sujeito capaz de prever, resolver e conduzir, como um general, à vitória —, e do outro aponta para uma atividade, o "futibol", conforme falamos no Brasil — que é pura sorte e "oportunidade".

Não é, pois, ao acaso que o papel de "técnico de futebol" seja um dos cargos mais significativos e simbolicamente pesados da vida pública nacional. Sendo responsável pela articulação de coisas previsíveis e racionais (preparar física e emocionalmente a equipe, estudar e aplicar um conjunto de técnicas e táticas a serem usadas em cada partida) e de aspectos invisíveis e mágicos (as relações entre o time e a incerteza), quem ocupa esse papel vira um recipiente de fantasias e de expectativas contraditórias e paradoxais. Há, então, quem espere que o "técnico" tenha poderes não só de vencer pela "técnica", é óbvio, mas sobretudo de "dar sorte". Há, igualmente, quem entenda que o "técnico" tenha obrigações de prever não só as táticas dos adversários, mas os golpes do destino e do azar.

Convenhamos que é um papel difícil de ser desempenhado, justamente pelo que contém de contraditório dentro do imaginário social brasileiro. Acresce a isso a nossa tendência personalista que atribui motivos pessoais a todos os processos sociais que teriam origem e fim em pessoas concretas e nos seus interesses.

O personalismo privilegia elos sociais e precisa de bodes expiatórios. No caso do Brasil como país e Estado nacional já sabemos que o culpado de tudo só pode ser o presidente da

República, responsável pela economia, pela moralidade pública e até mesmo pelo regime de sol ou chuva. No futebol, o bode expiatório é o técnico. É ele, e somente ele, quem personaliza, cristalizando e agenciando na sua pessoa, o time que é, a rigor, uma coletividade. Temos, pois, 150 milhões projetando-se nos 11 membros do time nacional, e esses 11 heróis ou infelizes desembocando no "técnico", o grande profeta, messias ou mediador entre ganhar e perder, superar os adversários pelo exercício mais puro da técnica e do físico, bem como o azar e o destino. Tudo isso, acrescente-se, numa arena que todos conhecem e observam sem as cortinas e os embustes das tecnicalidades e latinórios, como ocorre no campo da economia, do direito e da política.

Haja, pois, coração, coragem e "bolas" para ser "técnico de futebol do Brasil", e conjugar e conjurar acaso e necessidade, técnica e destino, amor e ódio.

REFERÊNCIAS BIBLIOGRÁFICAS

DaMatta, Roberto
    1982 — "Esporte e sociedade: um ensaio sobre o futebol brasileiro", em *Universo do futebol: esporte e sociedade brasileira*. Rio de Janeiro: Pinakotheke.
    1986 — *Explorações: ensaios de sociologia interpretativa*. Rio de Janeiro: Rocco.
    1994 — "Antropologia do óbvio: notas em torno do significado social do futebol brasileiro", em *Revista USP: Dossiê Futebol*, nº 22.

ROBERTO DAMATTA é professor do Centro de Ciências Sociais da Pontifícia Universidade Católica do Rio de Janeiro e colunista de opinião do jornal *O Globo*. Foi professor da Notre Dame University, nos Estados Unidos, onde viveu por quase duas décadas, e do Museu Nacional da Universidade Federal do Rio de Janeiro, onde chefiou o Departamento de Antropologia e dirigiu o Programa de Pós-Graduação em Antropologia Social. É o estudioso brasileiro mais citado nos estudos em Ciências Sociais e autor de obras capitais para a compreensão do Brasil.

OBRAS DO AUTOR
EDITADAS PELA ROCCO

Conta de mentiroso
Torre de Babel
Carnavais, malandros e heróis
A casa e a rua
O que faz o Brasil, Brasil?
Relativizando
Explorações
Tocquevilleanas – notícias da América
Águias, burros e borboletas (com Elena Soárez)

Este livro foi impresso na Editora JPA Ltda.,
Av. Brasil, 10.600 – Rio de Janeiro – RJ,
para a Editora Rocco Ltda.